PAW
PAW
PAW

"LES TUNIQUES BLEUES"

DES BLEUS ET DU BLUES

DESSINS : WILLY LAMBIL
SCÉNARIO : RAOUL CAUVIN
COULEURS : LEONARDO

DUPUIS

Dépôt légal : avril 2000 — D.2000/0089/107
ISBN 2-8001-2944-1 — ISSN 0772-0718

Imprimé en Belgique.

1A
GRMMBLLL...
ABIGAÏL, À PRÉSENT, ÇA SUFFIT! CETTE COMÉDIE A ASSEZ DURÉ!... TU...
JE...?
1B

VIENS, J'AI À TE PARLER!
JE T'ÉCOUTE.
NE ME DIS PAS QUE TU ES VRAIMENT TOMBÉE AMOUREUSE DE...?
SI!
MAIS ENFIN, RÉFLÉCHIS... POUR CET HOMME, SEULE L'ARMÉE COMPTE, RIEN D'AUTRE NE L'INTÉRESSE... MÊME PAS TOI!
ALORS, EXPLIQUE-MOI POURQUOI IL A VOLÉ À MON SECOURS.
...UN PUR HASARD! ALEXANDER LUI AVAIT ORDONNÉ D'ALLER JETER UN COUP D'ŒIL DU CÔTÉ DE MULLINS CREEK(*). IL Y EST ALLÉ, VOILÀ TOUT!
(*) VOIR: "QUI VEUT LA PEAU DU GÉNÉRAL?"
2A.
SI, CE JOUR-LÀ, IL LUI AVAIT DONNÉ L'ORDRE D'ALLER CUEILLIR DES PÂQUERETTES, IL L'AURAIT FAIT.
TU MENS!
STARK EST UN BON SOLDAT. QUEL QUE SOIT L'ORDRE DONNÉ, IL OBÉIT SANS DISCUTER.
TU NE ME CROIS PAS?
NON!
VOUS, LÀ!
?
2B.

MAINTENANT?... MAIS...
C'EST UN ORDRE! EXÉCUTION! HOP!
TARATARATATA
CHAAARGEEZ!
34.
TU ME CROIS, À PRÉSENT?
?!
MAIS QU'EST-CE QUE TU FAIS?
JE L'ATTENDS!
SPLAF!
3B.

ABIGAÏL, AUTANT TE DIRE QUE TU RISQUES D'ATTENDRE LONGTEMPS. ÇA PEUT DURER DES HEURES AVANT QU'IL NE S'APERÇOIVE QU'IL N'Y A AUCUN CONFÉDÉRÉ DANS LES ENVIRONS!
VOILÀ CE QUI ARRIVE QUAND ON S'AMUSE À FAIRE DES BLAGUES STUPIDES!
MAIS MILLE MILLIARDS... J'ESSAIE SIMPLEMENT DE T'EXPLIQUER...
AH, STEPHEN, PAS DE VULGARITÉ, JE TE PRIE!
AGNAGNA
4A.
QU'EST-CE QUE VOUS AVEZ À NOUS REGARDER AVEC CES YEUX DE MERLANS FRITS?!
BON! ABIGAÏL, QU'ATTENDS-TU DE MOI, EXACTEMENT?
...QUE TU ME LAISSES VIVRE EN PAIX!
JE REFUSE DE MOURIR VIEILLE FILLE ET JE T'AVERTIS: POUR UNE FOIS QUE J'AI UNE OCCASION, JE NE LA LAISSERAI PAS PASSER!
SI TU FAIS ENTRER CET AHURI DANS LA FAMILLE, JE ME FAIS SAUTER LA CERVELLE!
...POUR AUTANT QUE TU EN AIES UNE!
4B.

C'EST LA PREMIÈRE FOIS QUE JE VOIS STILMAN DANS CET ÉTAT.
NOUS QUI LE CROYIONS D'UN CALME OLYMPIEN...
HEADQUARTERS
IL S'EST VÉRITABLEMENT TRANSFORMÉ EN BÂTON DE DYNAMITE.
BON, D'ACCORD, MAIS TU AVOUERAS QUE C'EST UNE LOURDE DÉCISION À PRENDRE. QUE DIRAIS-TU DE QUELQUES JOURS DE RÉFLEXION, HISTOIRE DE BIEN PESER LE POUR ET LE CONTRE?
EXPLIQUE-TOI!
LE GÉNÉRAL GRANT A RÉUNI UNE GRANDE PARTIE DE SON ÉTAT-MAJOR DANS UNE PETITE LOCALITÉ QUI SE TROUVE À PEINE À UNE JOURNÉE DE CHEVAL...
OUI. ET ALORS?
5A.
JE ME SUIS LAISSÉ DIRE QUE C'ÉTAIT UN ENDROIT TOUT À FAIT CHARMANT.
TU VAS M'Y EMMENER?
NON... EUH... J'AI TROP À FAIRE ICI. CES DEUX ANDOUILLES T'ACCOMPAGNERONT.
MAIS QUE VEUX-TU QUE JE FASSE LÀ-BAS TOUTE SEULE?
TU NE T'ENNUIERAS PAS. TU Y RENCONTRERAS DU BEAU MONDE. ET PUIS, GRANT EST UN VRAI GENTLEMAN. DÈS QU'IL SERA PRÉVENU DE TON ARRIVÉE, IL S'ARRANGERA POUR RENDRE TON SÉJOUR AGRÉABLE.
ALORS?
J'ACCEPTE!
BRAVO!
5B.

INUTILE DE VOUS PRÉVENIR QUE S'IL LUI ARRIVAIT LA MOINDRE ANICROCHE, VOUS ÊTES DES HOMMES MORTS.
JE... AHEM... VOUS POUVEZ COMPTER SUR NOUS, SIR!
YAAA...
CATACLOP CATACLOP
6A.
FRANCHEMENT, NOUS NE VOUS COMPRENONS PAS, STILMAN. POURQUOI NE PAS AVOIR ACCOMPAGNÉ VOTRE SOEUR?
HORACE A RAISON. TOUT EST CALME SUR LE FRONT. VOTRE PRÉSENCE ICI N'EST PAS INDISPENSABLE.
THIEF
CROYEZ-VOUS?
QUE VOULEZ-VOUS DIRE?
?
6B.

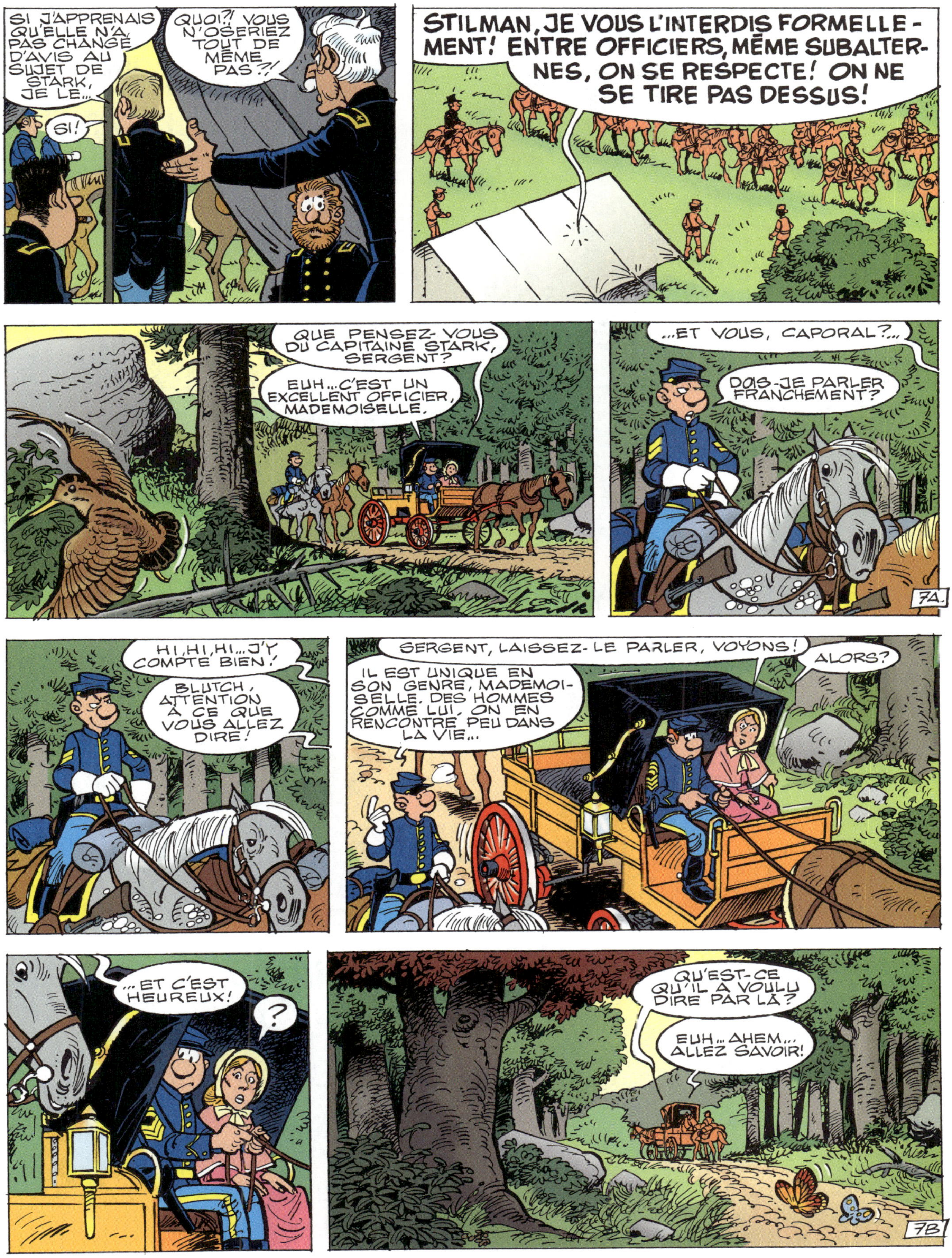
SI J'APPRENAIS QU'ELLE N'A PAS CHANGÉ D'AVIS AU SUJET DE STARK, JE LE...
QUOI?! VOUS N'OSERIEZ TOUT DE MÊME PAS?!
SI!
STILMAN, JE VOUS L'INTERDIS FORMELLEMENT! ENTRE OFFICIERS, MÊME SUBALTERNES, ON SE RESPECTE! ON NE SE TIRE PAS DESSUS!
QUE PENSEZ-VOUS DU CAPITAINE STARK, SERGENT?
EUH... C'EST UN EXCELLENT OFFICIER, MADEMOISELLE.
...ET VOUS, CAPORAL?...
DOIS-JE PARLER FRANCHEMENT?
7A
HI, HI, HI... J'Y COMPTE BIEN!
BLUTCH, ATTENTION À CE QUE VOUS ALLEZ DIRE!
SERGENT, LAISSEZ-LE PARLER, VOYONS!
ALORS?
IL EST UNIQUE EN SON GENRE, MADEMOISELLE. DES HOMMES COMME LUI, ON EN RENCONTRE PEU DANS LA VIE...
...ET C'EST HEUREUX!
?
QU'EST-CE QU'IL A VOULU DIRE PAR LÀ?
EUH... AHEM... ALLEZ SAVOIR!
7B

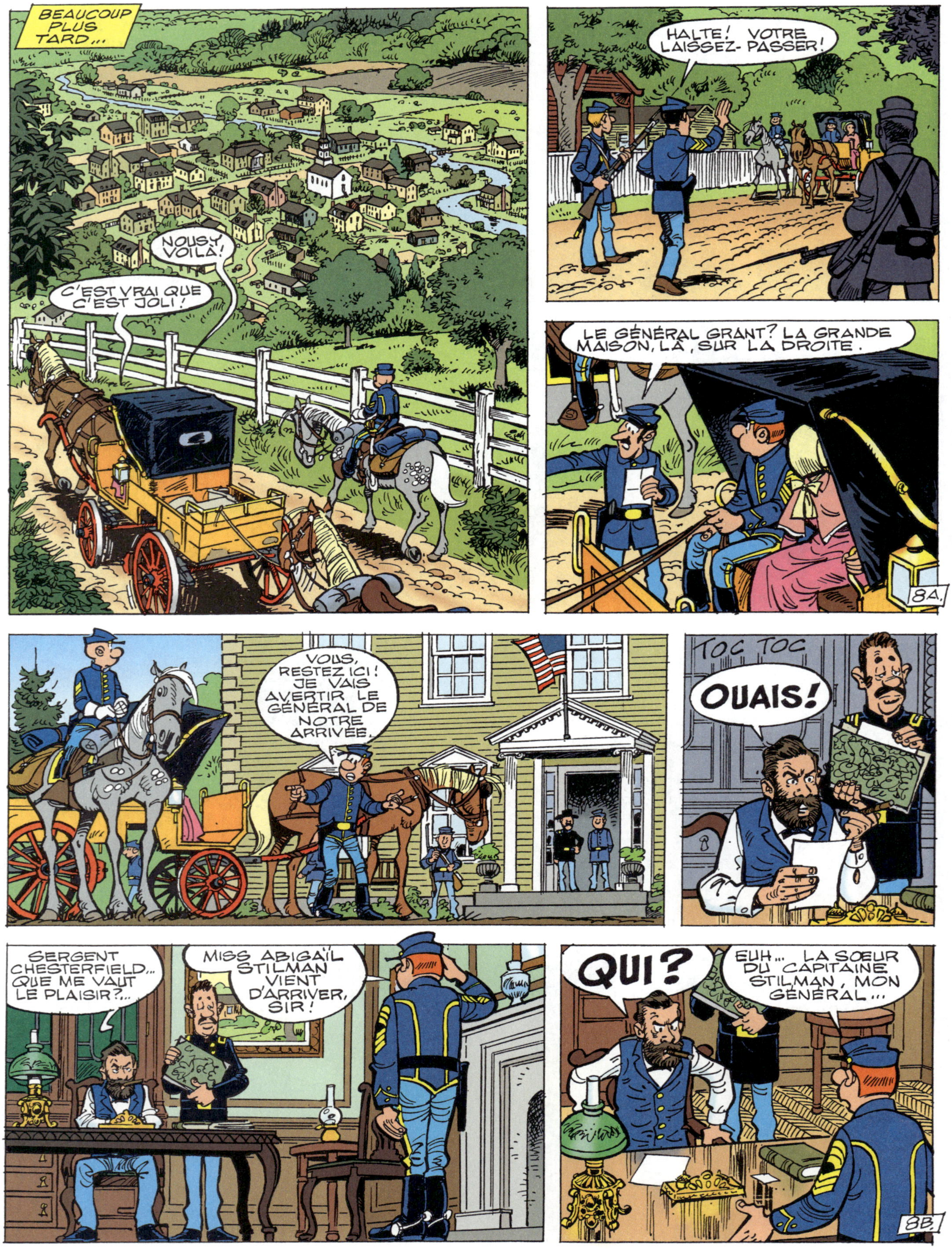
BEAUCOUP PLUS TARD...
NOUS Y VOILA!
C'EST VRAI QUE C'EST JOLI !
HALTE! VOTRE LAISSEZ-PASSER!
LE GÉNÉRAL GRANT? LA GRANDE MAISON, LÀ, SUR LA DROITE.
8A.
VOUS, RESTEZ ICI! JE VAIS AVERTIR LE GÉNÉRAL DE NOTRE ARRIVÉE.
TOC TOC
OUAIS!
SERGENT CHESTERFIELD... QUE ME VAUT LE PLAISIR?...
MISS ABIGAÏL STILMAN VIENT D'ARRIVER, SIR!
QUI?
EUH... LA SOEUR DU CAPITAINE STILMAN, MON GÉNÉRAL...
8B.

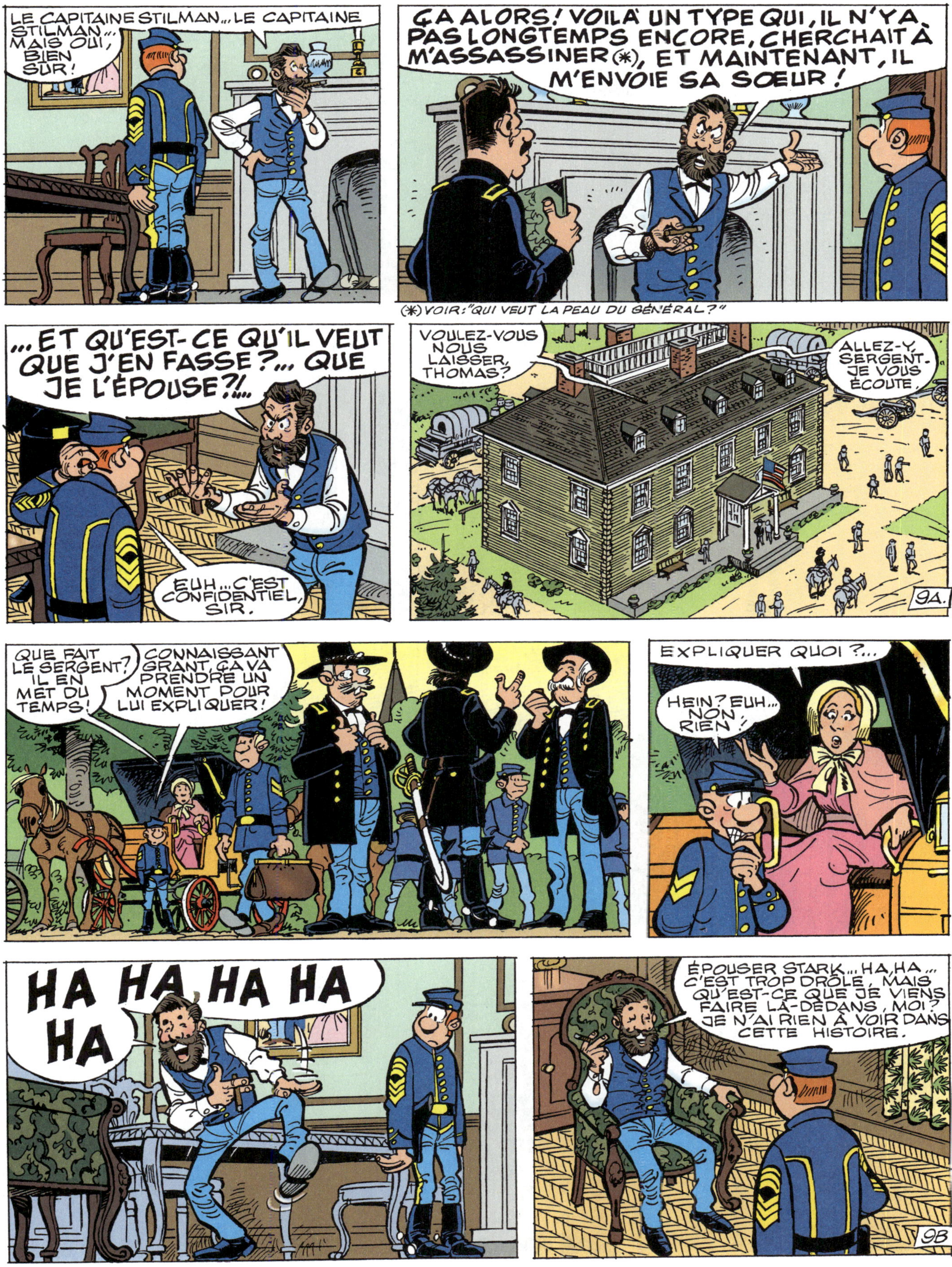
LE CAPITAINE STILMAN... LE CAPITAINE STILMAN... MAIS OUI, BIEN SÛR!
ÇA ALORS! VOILÀ UN TYPE QUI, IL N'Y A PAS LONGTEMPS ENCORE, CHERCHAIT À M'ASSASSINER(*), ET MAINTENANT, IL M'ENVOIE SA SOEUR!
(*) VOIR: "QUI VEUT LA PEAU DU GÉNÉRAL?"
...ET QU'EST-CE QU'IL VEUT QUE J'EN FASSE?... QUE JE L'ÉPOUSE?!...
EUH... C'EST CONFIDENTIEL, SIR.
VOULEZ-VOUS NOUS LAISSER, THOMAS?
ALLEZ-Y, SERGENT. JE VOUS ÉCOUTE.
9A.
QUE FAIT LE SERGENT? IL EN MET DU TEMPS!
CONNAISSANT GRANT, ÇA VA PRENDRE UN MOMENT POUR LUI EXPLIQUER!
EXPLIQUER QUOI?...
HEIN? EUH... NON, RIEN!
HA HA HA HA HA
ÉPOUSER STARK... HA, HA... C'EST TROP DRÔLE, MAIS QU'EST-CE QUE JE VIENS FAIRE LÀ-DEDANS, MOI? JE N'AI RIEN À VOIR DANS CETTE HISTOIRE.
9B

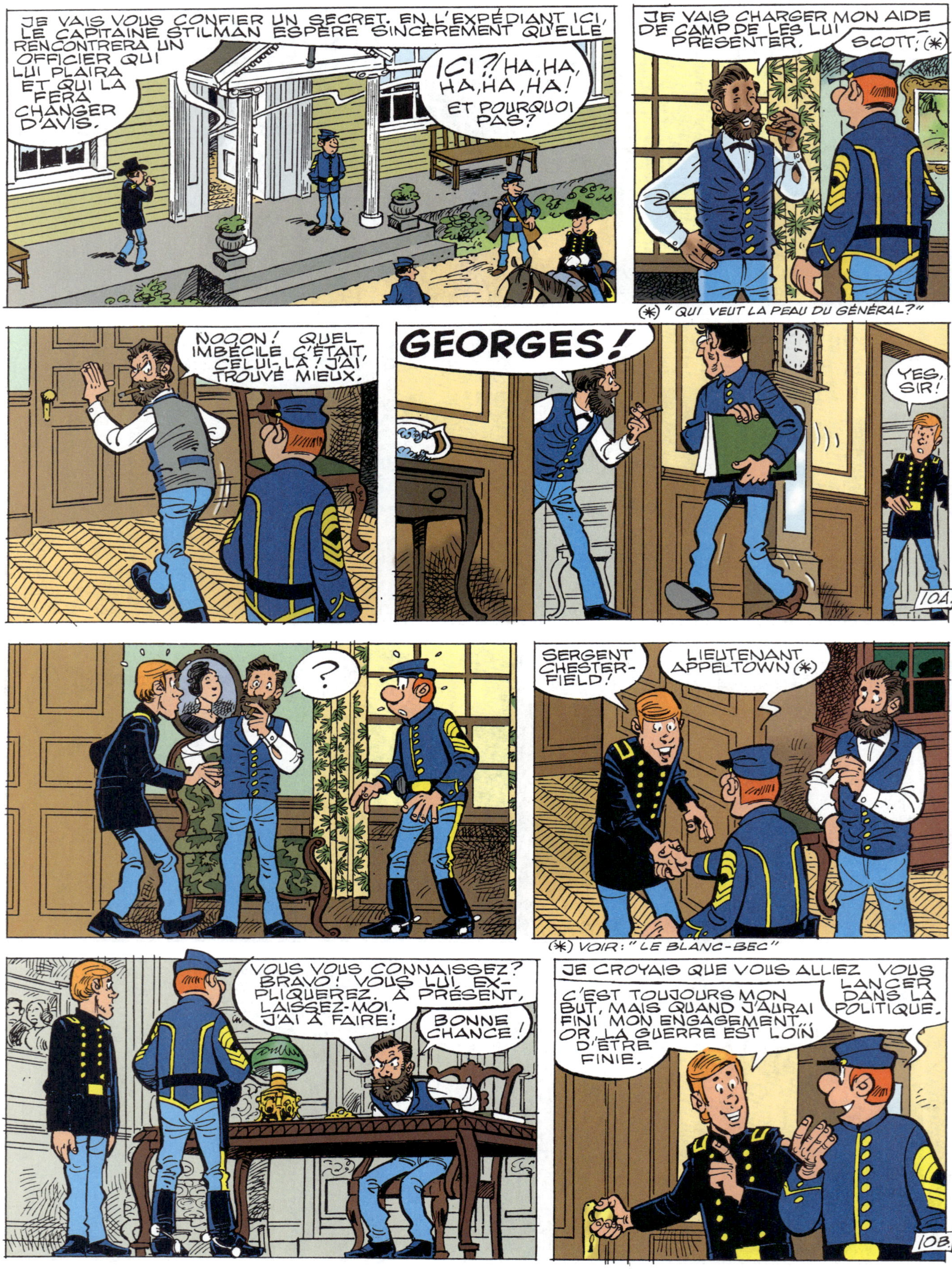
JE VAIS VOUS CONFIER UN SECRET. EN L'EXPÉDIANT ICI, LE CAPITAINE STILMAN ESPÈRE SINCÈREMENT QU'ELLE RENCONTRERA UN OFFICIER QUI LUI PLAIRA ET QUI LA FERA CHANGER D'AVIS.
ICI ?! HA, HA, HA, HA, HA ! ET POURQUOI PAS ?
JE VAIS CHARGER MON AIDE DE CAMP DE LES LUI PRÉSENTER.
SCOTT ! (✱)
(✱) " QUI VEUT LA PEAU DU GÉNÉRAL ? "
NOOOON ! QUEL IMBÉCILE C'ÉTAIT, CELUI-LÀ ! J'AI TROUVÉ MIEUX.
GEORGES !
YES, SIR !
10A
?
SERGENT CHESTERFIELD !
LIEUTENANT APPELTOWN (✱)
(✱) VOIR : " LE BLANC-BEC "
VOUS VOUS CONNAISSEZ ? BRAVO ! VOUS LUI EXPLIQUEREZ. À PRÉSENT, LAISSEZ-MOI. J'AI À FAIRE !
BONNE CHANCE !
JE CROYAIS QUE VOUS ALLIEZ VOUS LANCER DANS LA POLITIQUE.
C'EST TOUJOURS MON BUT, MAIS QUAND J'AURAI FINI MON ENGAGEMENT... OR, LA GUERRE EST LOIN D'ÊTRE FINIE.
10B

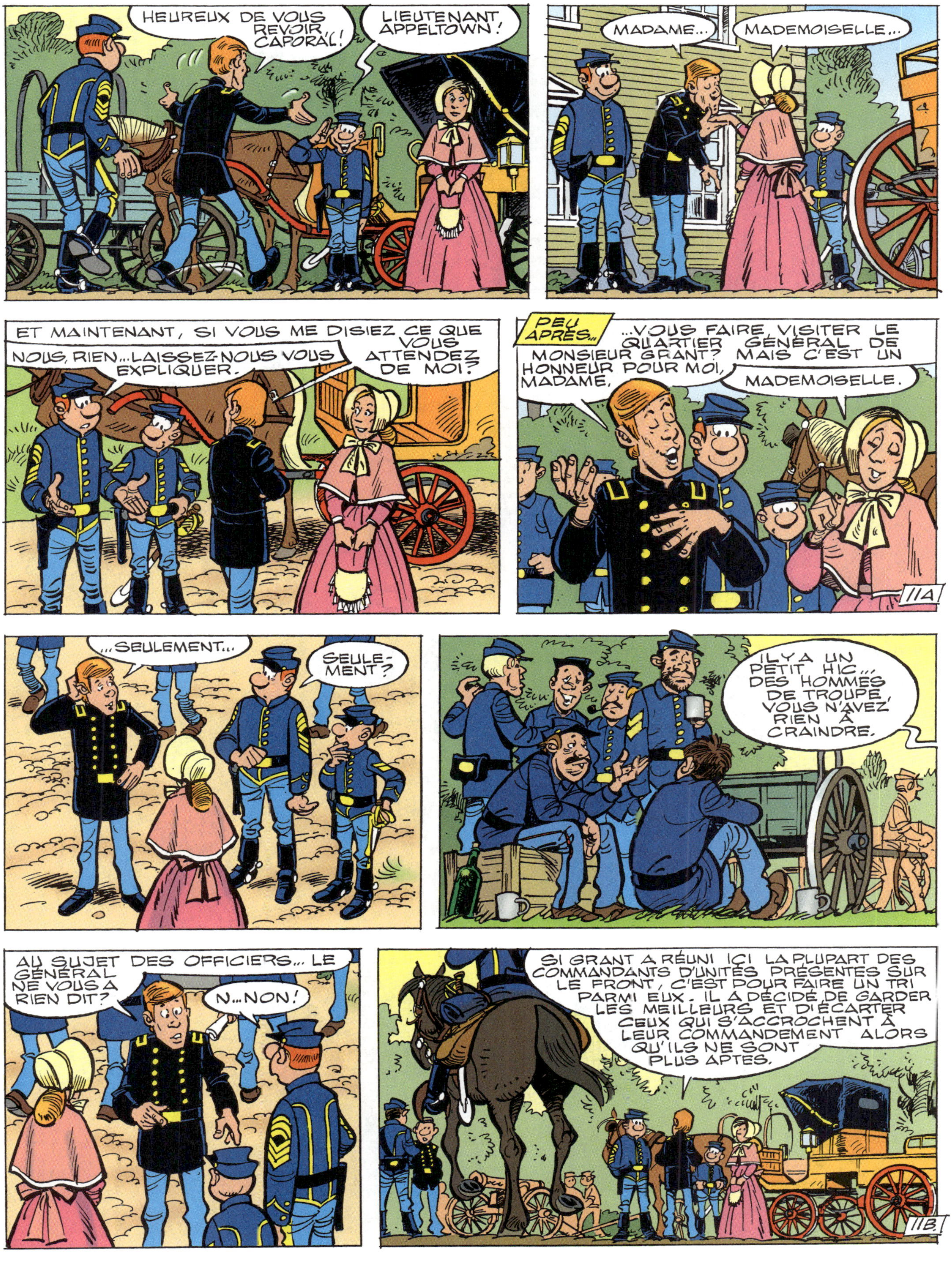
HEUREUX DE VOUS REVOIR, CAPORAL!
LIEUTENANT APPELTOWN!
MADAME...
MADEMOISELLE...
ET MAINTENANT, SI VOUS ME DISIEZ CE QUE VOUS ATTENDEZ DE MOI?
NOUS, RIEN... LAISSEZ-NOUS VOUS EXPLIQUER.
PEU APRÈS...
...VOUS FAIRE VISITER LE QUARTIER GÉNÉRAL DE MONSIEUR GRANT? MAIS C'EST UN HONNEUR POUR MOI, MADAME.
MADEMOISELLE.
11A
...SEULEMENT...
SEULEMENT?
IL Y A UN PETIT HIC... DES HOMMES DE TROUPE, VOUS N'AVEZ RIEN À CRAINDRE.
AU SUJET DES OFFICIERS... LE GÉNÉRAL NE VOUS A RIEN DIT?
N...NON!
SI GRANT A RÉUNI ICI LA PLUPART DES COMMANDANTS D'UNITÉS PRÉSENTES SUR LE FRONT, C'EST POUR FAIRE UN TRI PARMI EUX. IL A DÉCIDÉ DE GARDER LES MEILLEURS ET D'ÉCARTER CEUX QUI S'ACCROCHENT À LEUR COMMANDEMENT ALORS QU'ILS NE SONT PLUS APTES.
11B

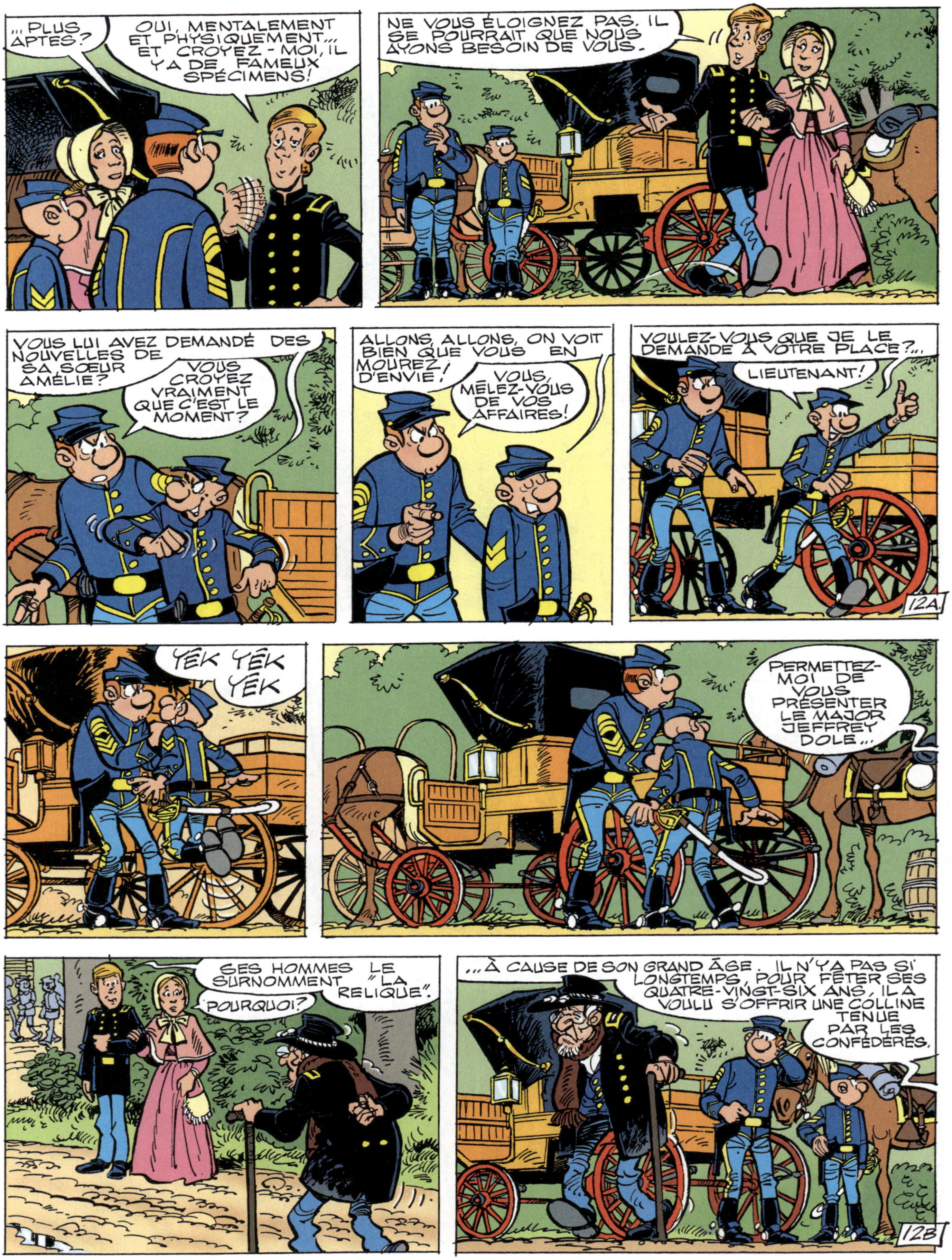

... PLUS APTES?
OUI, MENTALEMENT ET PHYSIQUEMENT... ET CROYEZ-MOI, IL Y A DE FAMEUX SPÉCIMENS!
NE VOUS ÉLOIGNEZ PAS. IL SE POURRAIT QUE NOUS AYONS BESOIN DE VOUS.
VOUS LUI AVEZ DEMANDÉ DES NOUVELLES DE SA SOEUR AMÉLIE?
VOUS CROYEZ VRAIMENT QUE C'EST LE MOMENT?
ALLONS, ALLONS, ON VOIT BIEN QUE VOUS EN MOUREZ D'ENVIE!
VOUS, MÊLEZ-VOUS DE VOS AFFAIRES!
VOULEZ-VOUS QUE JE LE DEMANDE À VOTRE PLACE?...
LIEUTENANT!
12A
YÉK YÉK YÉK
PERMETTEZ-MOI DE VOUS PRÉSENTER LE MAJOR JEFFREY DOLE...
SES HOMMES LE SURNOMMENT "LA RELIQUE".
POURQUOI?
... À CAUSE DE SON GRAND ÂGE. IL N'Y A PAS SI LONGTEMPS, POUR FÊTER SES QUATRE-VINGT-SIX ANS, IL A VOULU S'OFFRIR UNE COLLINE TENUE PAR LES CONFÉDÉRÉS.
12B

IL A LANCÉ SES TROUPES À L'ASSAUT, Y COMPRIS LES RÉSERVES ET MÊME LES CUISINIERS - CE FUT UN VÉRITABLE MASSACRE. DEPUIS, ON A SURNOMMÉ CETTE CRÊTE "THE THOUSAND DEADS HILL"! (*)
(*) LA COLLINE AUX MILLE MORTS.
TROMP
INCROYABLE! IL A RÉUSSI À FAIRE MIEUX QUE STARK!
BLAF
13A.
DIDJIIIIN...
NON! SURTOUT NE LE RELEVEZ PAS! VOUS L'OFFENSERIEZ!
GNN GNNN
JUSQU'ICI, IL S'EST TARGUÉ DE N'AVOIR JAMAIS EU BESOIN DE PERSONNE. CE N'EST PAS MAINTENANT QU'IL VA COMMENCER!
RÂGNN
GNN
NE ME DITES PAS QUE GRANT SERAIT PRÊT À LUI CONFIER UN NOUVEAU COMMANDEMENT?
NON! IL L'A RAYÉ DES LISTES MAIS LE MAJOR L'IGNORE ENCORE!
13B.

VOILÀ LE COLONEL HARTER SURNOMMÉ PAR SES HOMMES: "NELSON"...
POURQUOI?
NELSON ÉTAIT UN AMIRAL BRITANNIQUE. IL A PARTICIPÉ À MOULT COMBATS, TOUJOURS À LA TÊTE DE SES HOMMES. À LA FIN DE SA VIE, IL N'EN RESTAIT PLUS GRAND-CHOSE.
C'EST PAREIL POUR LE COLONEL. AU COURS DES MULTIPLES BATAILLES, IL A PERDU LÀ UN BRAS, LÀ LES JAMBES, LÀ UNE OREILLE, LÀ UN OEIL...
CERTAINES MAUVAISES LANGUES DISENT LES DEUX, MAIS IL EST TROP FIER POUR L'AVOUER.
14A
VOUS VERREZ, RUBEN, UN JOUR, JE REMARCHERAI.
...SANS LES JAMBES, MONSIEUR?...
SANS LES JAMBES! TOUT EST UNE QUESTION DE VOLONTÉ!
GRANT L'A...
RAYÉ! IL L'IGNORE AUSSI!
VOUS QUI RÊVEZ DE CICATRICES...
C'EST VRAI, MAIS C'EST COMME EN TOUTE CHOSE, IL NE FAUT PAS EN ABUSER!
VOILÀ LE CAPITAINE AARON SANDLER...
QUEL BEL HOMME!
...SURNOMMÉ "SHRAPNELL".
POURQUOI?
14B

IL A REÇU UN ÉCLAT DE GRENADE DANS LA TÊTE ET NUL TOUBIB N'A JAMAIS PU L'EXTRAIRE.
... ET ALORS?
AU MOINDRE CHOC OU POUR PEU QU'IL INCLINE LA TÊTE, CE MORCEAU DE MÉTAL LUI CHAMBOULE LE CERVEAU ET IL SE MET À VOIR DES CONFÉDÉRÉS PARTOUT.
ÇA LUI ARRIVE?
OUI. PARFOIS, IL OUBLIE.
?
MÉDÈME ...
MADEMOISELLE.
15A.
ÂÂÂÂH
VENEZ!
RÂÂÂÂH
ON... ON PEUT PEUT-ÊTRE VOUS AIDER?
?!
ÉÉÉÉH!
15B.

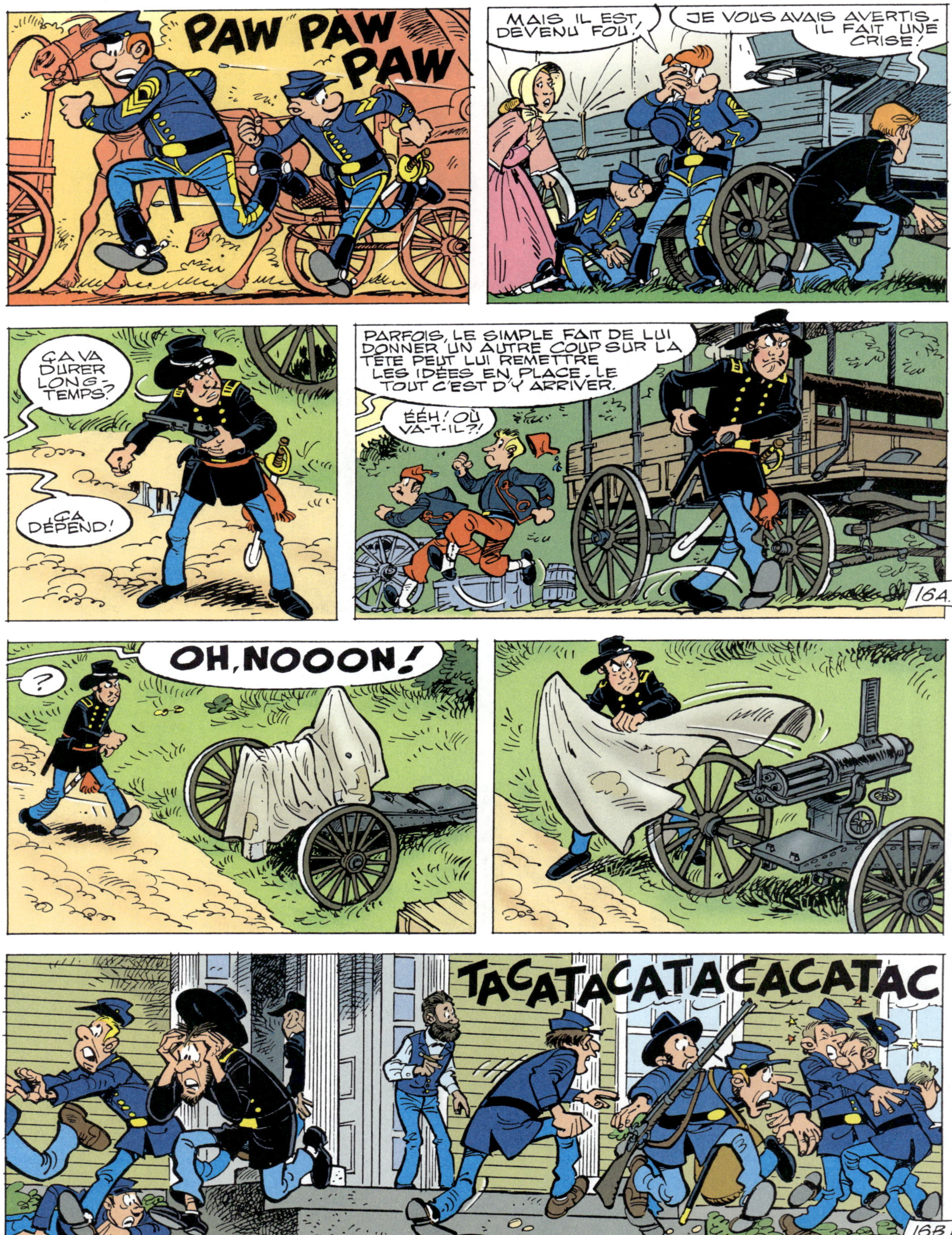
PAW PAW PAW
MAIS IL EST DEVENU FOU!
JE VOUS AVAIS AVERTIS. IL FAIT UNE CRISE!
ÇA VA DURER LONGTEMPS?
¡ÇA DÉPEND!
PARFOIS, LE SIMPLE FAIT DE LUI DONNER UN AUTRE COUP SUR LA TÊTE PEUT LUI REMETTRE LES IDÉES EN PLACE. LE TOUT C'EST D'Y ARRIVER.
ÉÉH! OÙ VA-T-IL?!
16A.
?
OH, NOOON!
TACATACATACACATAC
16B.

FAITES LE TOUR ET ESSAYEZ D'ATTIRER SON ATTENTION. JE M'EN OCCUPE.
MOI? MAIS...
?
??
!
BLEBLEBLEB...
TACATACAT
PFIOÛÛ
17A
TACATACATAC
TACATAC
CLIC
SPLOTCH
17B.

BRAVO, SERGENT ! VOUS FÛTES FORMIDABLE !
MAIS NON ! MAIS NON ! JE N'AI FAIT QUE MON DEVOIR DE SOLDAT, VOILÀ TOUT !
ALORS LÀ, C'EST PAS CROYABLE ! JE PRENDS TOUS LES RISQUES !
PENDANT QUE VOUS FAITES LE FANFARON DEVANT VOTRE FUTUR BEAU-FRÈRE !
...ET C'EST VOUS QU'ON FÉLICGNNNN
LA FERME !
18A.
QUELQUE CHOSE QUI NE VA PAS, SERGENT ?
NON, NON, MON LIEUTENANT... TOUT VA BIEN ! HÉ HÉ HÉ.
CAPORAL, ALLEZ DONC VOUS LAVER, VOUS SENTEZ LA VASE !
VOUS, VOUS NE PERDEZ RIEN POUR ATTENDRE !
...LUI EN FICHERAI, MOI, DU CAPORAL ET GNÉGNÉGNÉ ET GNÉGNÉGNÉ...
...ENCORE UN QUI PEUT DIRE ADIEU À SON COMMANDEMENT, JE SUPPOSE...
SI GRANT NE L'AVAIT PAS ENCORE RAYÉ, CE DOIT ÊTRE CHOSE FAITE À PRÉSENT.
18B.

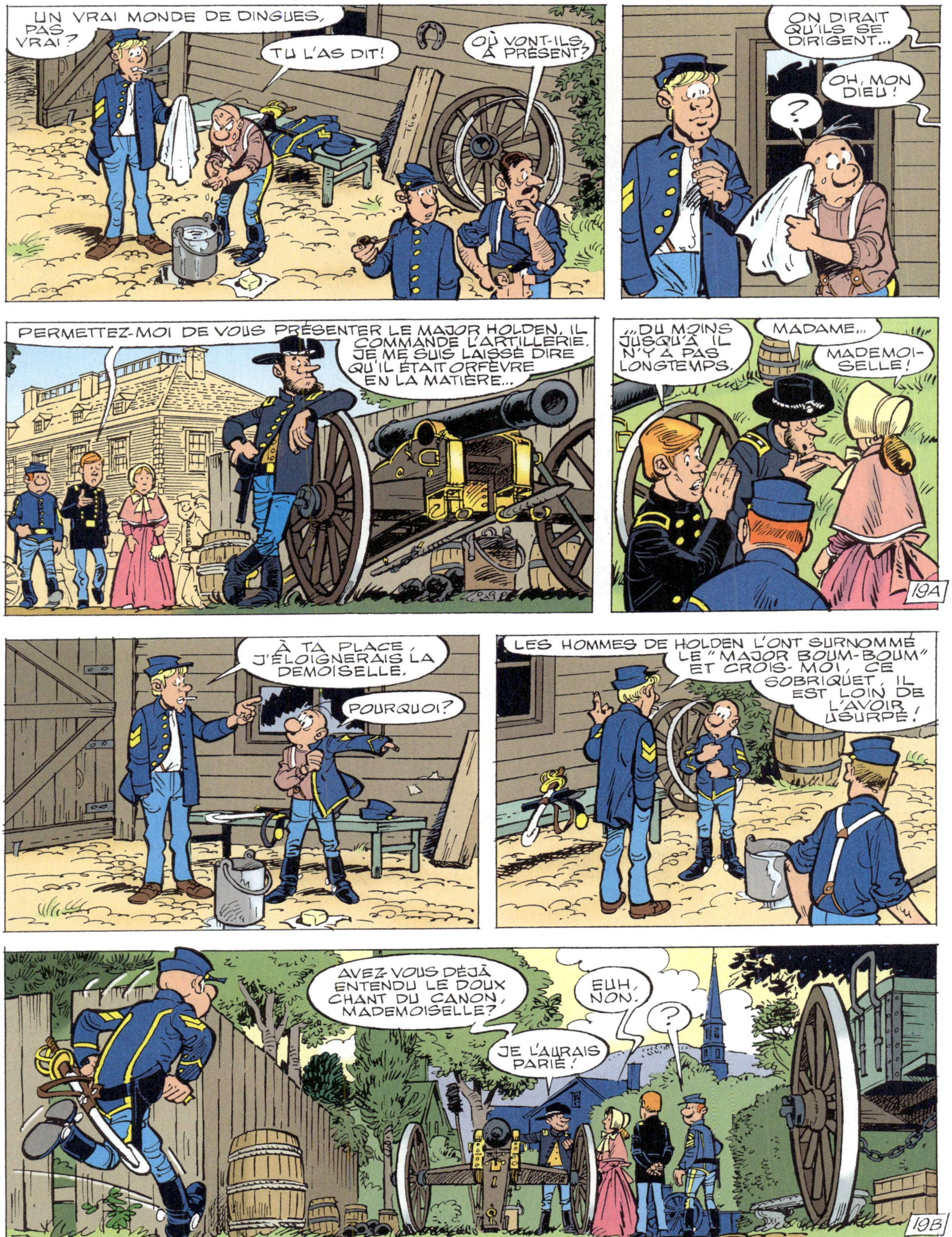

UN VRAI MONDE DE DINGUES, PAS VRAI ?
TU L'AS DIT !
OÙ VONT-ILS, À PRÉSENT ?
ON DIRAIT QU'ILS SE DIRIGENT...
OH, MON DIEU !
?
PERMETTEZ-MOI DE VOUS PRÉSENTER LE MAJOR HOLDEN. IL COMMANDE L'ARTILLERIE. JE ME SUIS LAISSÉ DIRE QU'IL ÉTAIT ORFÈVRE EN LA MATIÈRE...
...DU MOINS JUSQU'À IL N'Y A PAS LONGTEMPS.
MADAME...
MADEMOISELLE !
19A
À TA PLACE, J'ÉLOIGNERAIS LA DEMOISELLE.
POURQUOI ?
LES HOMMES DE HOLDEN L'ONT SURNOMMÉ LE "MAJOR BOUM-BOUM" ET CROIS-MOI, CE SOBRIQUET, IL EST LOIN DE L'AVOIR USURPÉ !
AVEZ-VOUS DÉJÀ ENTENDU LE DOUX CHANT DU CANON, MADEMOISELLE ?
EUH, NON.
?
JE L'AURAIS PARIÉ !
19B

MON LIEUTENANT!
PERMETTEZ-MOI DE VOUS FAIRE UNE PETITE DÉMONSTRATION.
D'ABORD, DE LA POUDRE...
GNAGNA...
...DE LA POUDRE ET ENCORE DE LA POUDRE...
GNÃGNÃ
... ET PUIS BOURRER... ET GNÃ... BOURRER... ET GNÃGNÃGNÃ...
TCHOMP TCHOMP TCHOMP
20A
...ET À PRÉSENT, UN BOULET... UN GROS BOULET! GNÃ GNÃ GNÃ
AH GNÃ HA HA HA...HA...GNÃ HA HA HA
TCHOMP TCHOMP
HA HA HA HA HA
...ET À PRÉSENT...
?
20B

WHAM
FEU!?
Hiiiiiiiiii
21A.
MADEMOISELLE STILMAN?!
C'EST VRAI QUE CE NE SONT PAS DES CHOSES À MONTRER À UNE JEUNE FILLE !
C'EST VRAI AUSSI QU'ON NE POUVAIT PAS PRÉVOIR.
AH OUAIS? ET MOI JE VOUS DIS QU'ON PEUT S'ATTENDRE À TOUT DANS CE MONDE DE FOUS!
RAYÉ?
RAYÉ.
21B.

NE CROYEZ PAS QU'ILS SONT TOUS AUSSI DÉRANGÉS, CAPORAL.
BON. IL Y A BIEN ENCORE CELUI-CI. LE CAPITAINE JIMMY BOXCAR.
?
ZOU! C'EST QU'IL EST JOLI, CE PETIT CAPORAL!
SMOUTCH
22A
SES HOMMES L'ONT SURNOMMÉ "SISSIE"... VOUS COMPRENDREZ AISÉMENT POURQUOI.
... MAIS À PART CES QUELQUES EXCEPTIONS...
ÇA VA MIEUX?
ÇA VA, ÇA VA.
VOUS AVEZ LÀ-BAS, LES GÉNÉRAUX RAWLINS, SHERMAN ET HOOKER...
LÀ... LES GÉNÉRAUX MAC CLELLAN ET POTTER
22B

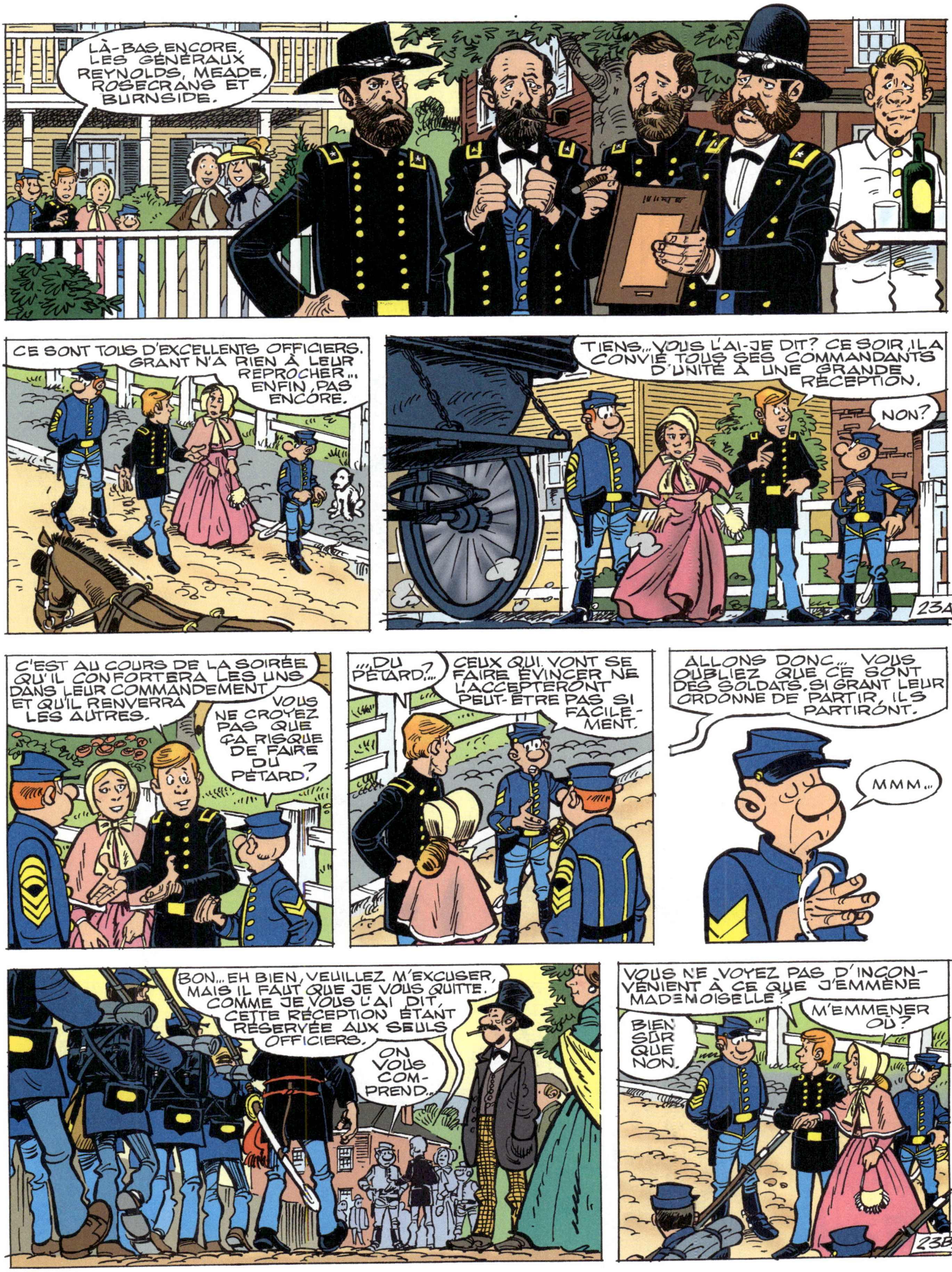
LÀ-BAS, ENCORE, LES GÉNÉRAUX REYNOLDS, MEADE, ROSECRANS ET BURNSIDE.
CE SONT TOUS D'EXCELLENTS OFFICIERS. GRANT N'A RIEN À LEUR REPROCHER... ENFIN, PAS ENCORE.
TIENS... VOUS L'AI-JE DIT? CE SOIR, IL A CONVIÉ TOUS SES COMMANDANTS D'UNITÉ À UNE GRANDE RÉCEPTION.
NON?
23A
C'EST AU COURS DE LA SOIRÉE QU'IL CONFORTERA LES UNS DANS LEUR COMMANDEMENT ET QU'IL RENVERRA LES AUTRES.
VOUS NE CROYEZ PAS QUE ÇA RISQUE DE FAIRE DU PÉTARD?
...DU PÉTARD?...
CEUX QUI VONT SE FAIRE ÉVINCER NE L'ACCEPTERONT PEUT-ÊTRE PAS SI FACILEMENT.
ALLONS DONC... VOUS OUBLIEZ QUE CE SONT DES SOLDATS. SI GRANT LEUR ORDONNE DE PARTIR, ILS PARTIRONT.
MMM...
BON... EH BIEN, VEUILLEZ M'EXCUSER, MAIS IL FAUT QUE JE VOUS QUITTE. COMME JE VOUS L'AI DIT, CETTE RÉCEPTION ÉTANT RÉSERVÉE AUX SEULS OFFICIERS.
ON VOUS COMPREND.
VOUS NE VOYEZ PAS D'INCONVÉNIENT À CE QUE J'EMMÈNE MADEMOISELLE?
M'EMMENER OÙ?
BIEN SÛR QUE NON.
23B

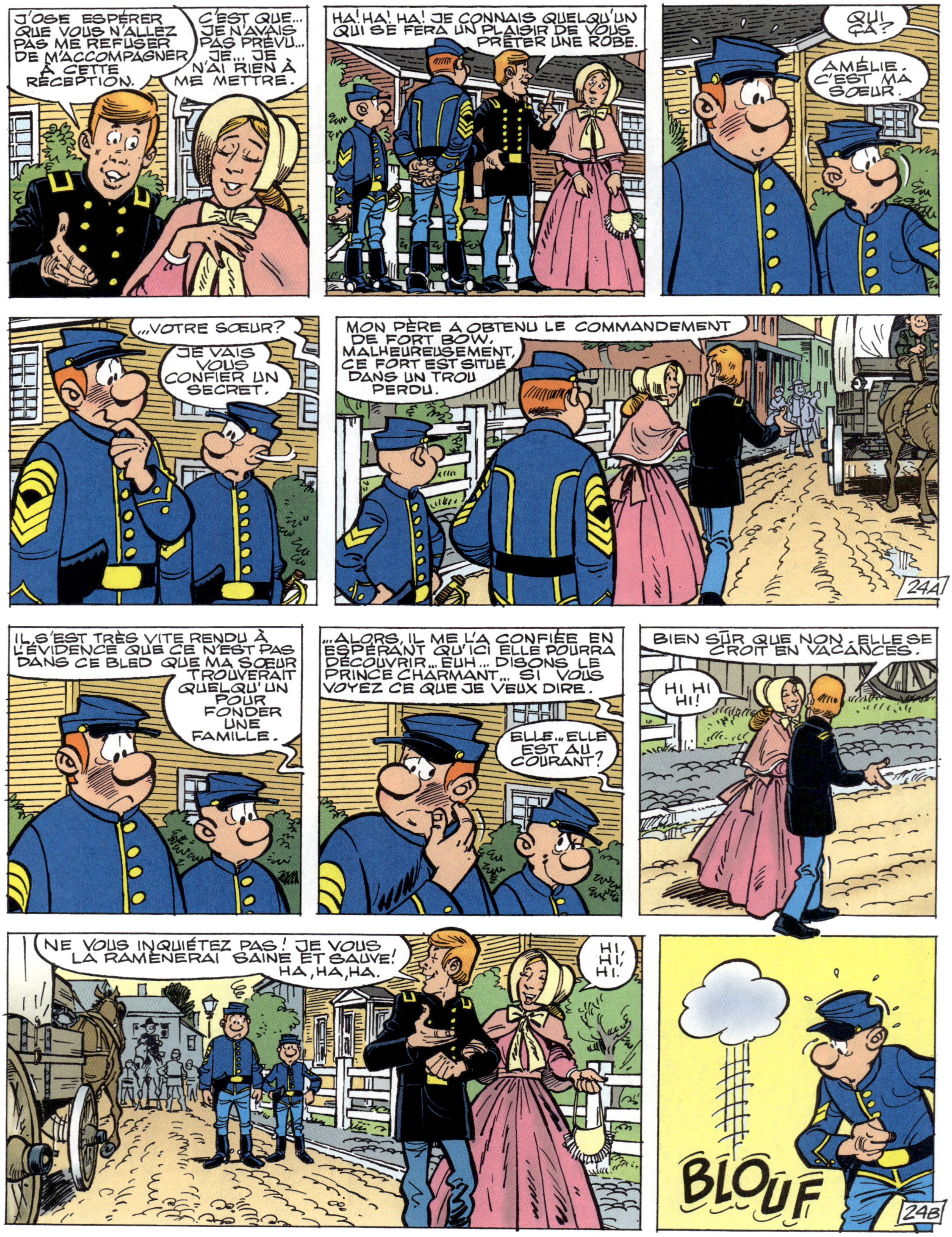
J'OSE ESPÉRER QUE VOUS N'ALLEZ PAS ME REFUSER DE M'ACCOMPAGNER À CETTE RÉCEPTION.
C'EST QUE... JE N'AVAIS PAS PRÉVU... JE... JE N'AI RIEN À ME METTRE.
HA! HA! HA! JE CONNAIS QUELQU'UN QUI SE FERA UN PLAISIR DE VOUS PRÊTER UNE ROBE.
QUI ÇA?
AMÉLIE. C'EST MA SOEUR.
...VOTRE SOEUR?
JE VAIS VOUS CONFIER UN SECRET.
MON PÈRE A OBTENU LE COMMANDEMENT DE FORT BOW. MALHEUREUSEMENT, CE FORT EST SITUÉ DANS UN TROU PERDU.
24A
IL S'EST TRÈS VITE RENDU À L'ÉVIDENCE QUE CE N'EST PAS DANS CE BLED QUE MA SOEUR TROUVERAIT QUELQU'UN POUR FONDER UNE FAMILLE.
...ALORS, IL ME L'A CONFIÉE EN ESPÉRANT QU'ICI ELLE POURRA DÉCOUVRIR... EUH... DISONS LE PRINCE CHARMANT... SI VOUS VOYEZ CE QUE JE VEUX DIRE.
ELLE... ELLE EST AU COURANT?
BIEN SÛR QUE NON. ELLE SE CROIT EN VACANCES.
HI HI HI!
NE VOUS INQUIÉTEZ PAS! JE VOUS LA RAMÈNERAI SAINE ET SAUVE! HA, HA, HA.
HI, HI, HI.
BLOUF
24B

QU'EST-CE QU'IL A ?
IL VIENT D'APPRENDRE QUE LE GRAND AMOUR DE SA VIE EST ICI. TU PENSES SI ÇA LUI A FAIT UN CHOC !
25A.
ET ELLE, ELLE S'INTÉRESSE À LUI ?...
PENSES-TU ! ELLE LE CONSIDÈRE COMME DE LA GNOGNOTTE.
KOF KOF KOF KOF
ON SE SENT MIEUX ?
ELLE EST LÀ, BLUTCH ! ELLE EST LÀ !
HÉÉÉ
ELLE EST LÀ, JE VOUS DIS !
ÇA SUFFIT, OUI ?!
EH... OH... CALMEZ-VOUS LES GARS ! VOUS ALLEZ FINIR PAR ATTIRER "SISSIE" !
25B.

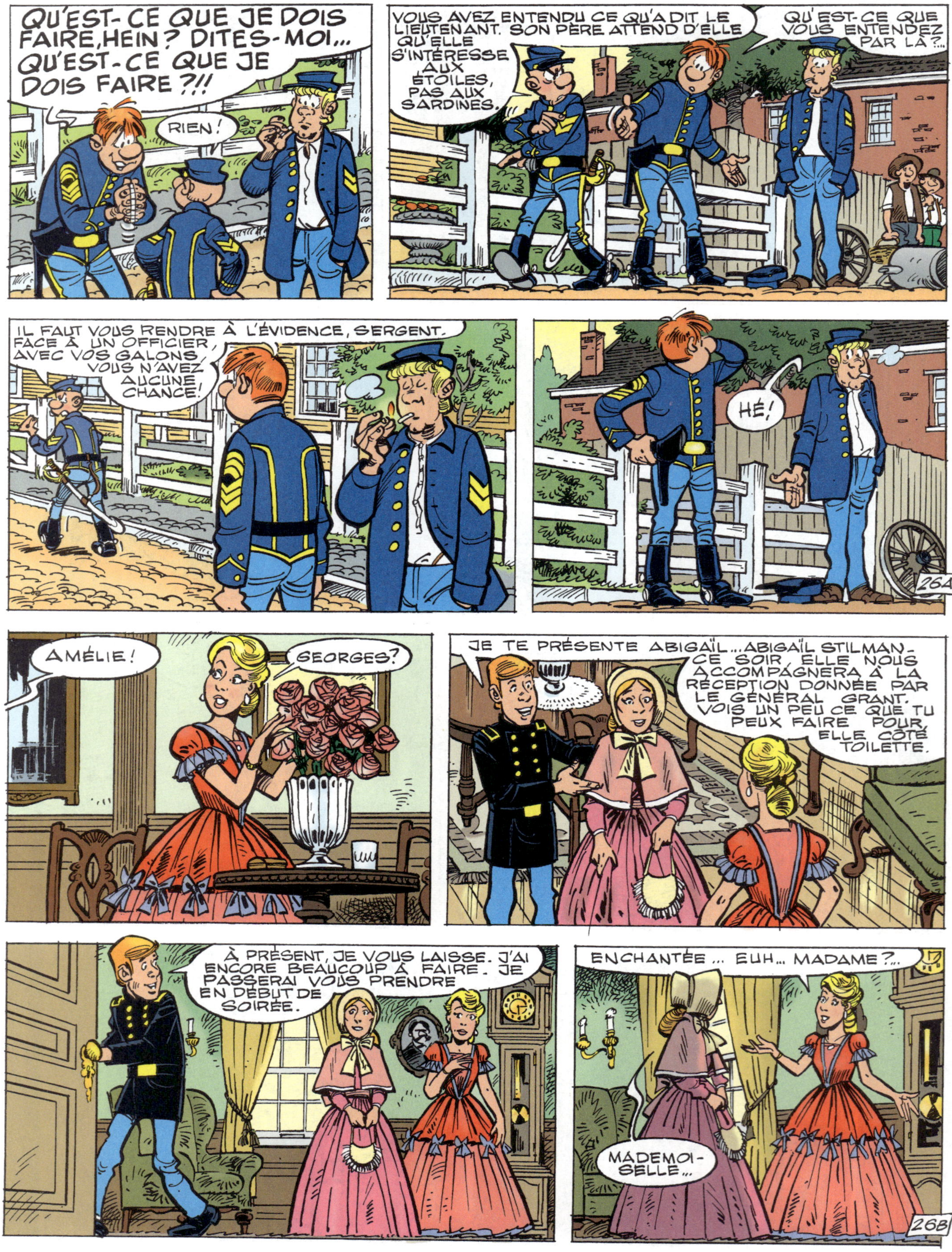
QU'EST-CE QUE JE DOIS FAIRE, HEIN ? DITES-MOI... QU'EST-CE QUE JE DOIS FAIRE ?!!
RIEN !
VOUS AVEZ ENTENDU CE QU'A DIT LE LIEUTENANT. SON PÈRE ATTEND D'ELLE QU'ELLE S'INTÉRESSE AUX ÉTOILES, PAS AUX SARDINES.
QU'EST-CE QUE VOUS ENTENDEZ PAR LÀ ?...
IL FAUT VOUS RENDRE À L'ÉVIDENCE, SERGENT. FACE À UN OFFICIER AVEC VOS GALONS, VOUS N'AVEZ AUCUNE CHANCE !
HÉ !
26A
AMÉLIE !
GEORGES ?
JE TE PRÉSENTE ABIGAÏL... ABIGAÏL STILMAN. CE SOIR ELLE NOUS ACCOMPAGNERA À LA RÉCEPTION DONNÉE PAR LE GÉNÉRAL GRANT. VOIS UN PEU CE QUE TU PEUX FAIRE POUR ELLE CÔTÉ TOILETTE.
À PRÉSENT, JE VOUS LAISSE. J'AI ENCORE BEAUCOUP À FAIRE. JE PASSERAI VOUS PRENDRE EN DÉBUT DE SOIRÉE.
ENCHANTÉE... EUH... MADAME ?...
MADEMOI-SELLE...
26B

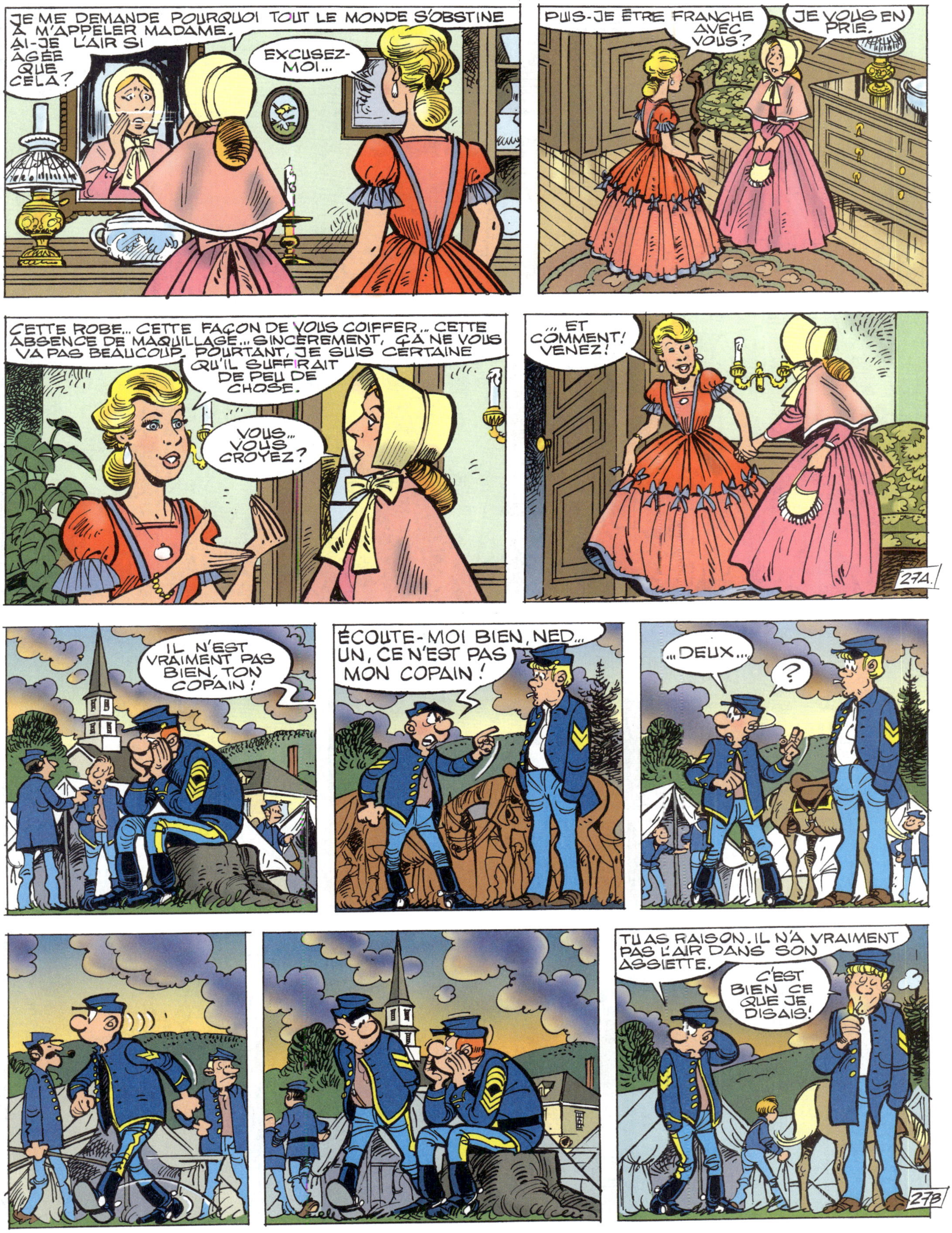
JE ME DEMANDE POURQUOI TOUT LE MONDE S'OBSTINE À M'APPELER MADAME. AI-JE L'AIR SI ÂGÉE QUE CELA?
EXCUSEZ-MOI...
PUIS-JE ÊTRE FRANCHE AVEC VOUS?
JE VOUS EN PRIE.
CETTE ROBE... CETTE FAÇON DE VOUS COIFFER... CETTE ABSENCE DE MAQUILLAGE... SINCÈREMENT, ÇA NE VOUS VA PAS BEAUCOUP. POURTANT, JE SUIS CERTAINE QU'IL SUFFIRAIT DE PEU DE CHOSE.
VOUS... VOUS CROYEZ?
... ET COMMENT! VENEZ!
27A.
IL N'EST VRAIMENT PAS BIEN, TON COPAIN!
ÉCOUTE-MOI BIEN, NED... UN, CE N'EST PAS MON COPAIN!
... DEUX...
?
TU AS RAISON. IL N'A VRAIMENT PAS L'AIR DANS SON ASSIETTE.
C'EST BIEN CE QUE JE DISAIS!
27B

PLUS TARD...
BEN, MON COLON! IL N'Y A QUE DU BEAU MONDE, CE SOIR!
OUAIS! ...TOUT LE GRATIN!
HÉ, BLUTCH, T'AS PAS ÉTÉ INVITÉ?
SI, MAIS J'AI DÉCLINÉ.
HA! HA! HA! HA!
28A
J'AI BIEN PEUR QU'IL Y AIT DES GRINCEMENTS DE DENTS CE SOIR.
D'ACCORD AVEC TOI, MAIS AVOUE QUE GRANT A QUAND MÊME RAISON DE VIRER LES CINGLÉS DE SON ÉTAT-MAJOR. ILS NE SONT QU'UNE POIGNÉE, MAIS ILS ONT LA MORT D'UN TAS DE COPAINS SUR LA CONSCIENCE.
VOUS ÊTES PRÊTES, MESDE-MOISELLES?
VOYONS, GEORGES, DIS QUELQUE CHOSE...
HI! HI! HI! HI!
EUH... AHEM... VOUS... ET À PRÉSENT, SI NOUS Y ALLIONS?... LE GÉNÉRAL N'AIME PAS ATTENDRE.
28B

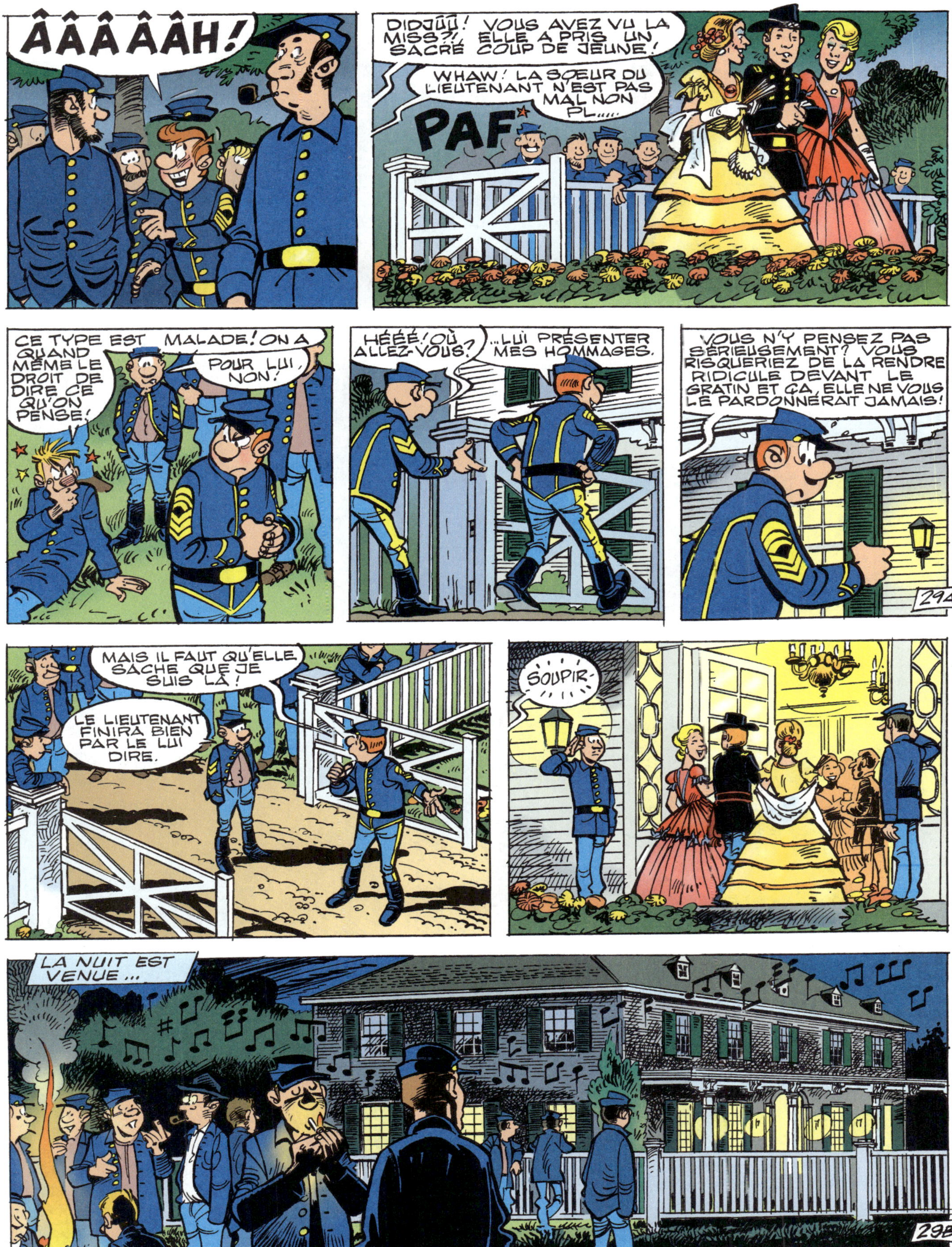
ÂÂÂÂÂH!
DIDJÛÛ! VOUS AVEZ VU LA MISS?! ELLE A PRIS UN SACRÉ COUP DE JEUNE!
WHAW! LA SOEUR DU LIEUTENANT N'EST PAS MAL NON PL.....
PAF
CE TYPE EST MALADE! ON A QUAND MÊME LE DROIT DE DIRE CE QU'ON PENSE!
POUR LUI, NON!
HÉÉÉ! OÙ ALLEZ-VOUS?
...LUI PRÉSENTER MES HOMMAGES.
VOUS N'Y PENSEZ PAS SÉRIEUSEMENT? VOUS RISQUERIEZ DE LA RENDRE RIDICULE DEVANT LE GRATIN ET ÇA, ELLE NE VOUS LE PARDONNERAIT JAMAIS!
29A
MAIS IL FAUT QU'ELLE SACHE QUE JE SUIS LÀ!
LE LIEUTENANT FINIRA BIEN PAR LE LUI DIRE.
SOUPIR
LA NUIT EST VENUE...
29B

HÉ! LES GARS! ON NE VA TOUT DE MÊME PAS RESTER LÀ À SE CONTEMPLER LE NOMBRIL PENDANT QUE CES MESSIEURS DAMES FONT LA FIESTA!
QUE PROPOSES-TU?
BLUEY, VA CHERCHER TON BANJO... SAM, TON VIOLON... RICKY, TON ACCORDÉON.
304
SERGENT, ÇA NE VOUS TENTE PAS DE VOUS JOINDRE À NOUS?
ALLEZ VOUS FAIRE !
...COMME VOUS VOUDREZ!
JE LE VEUX!
?
?

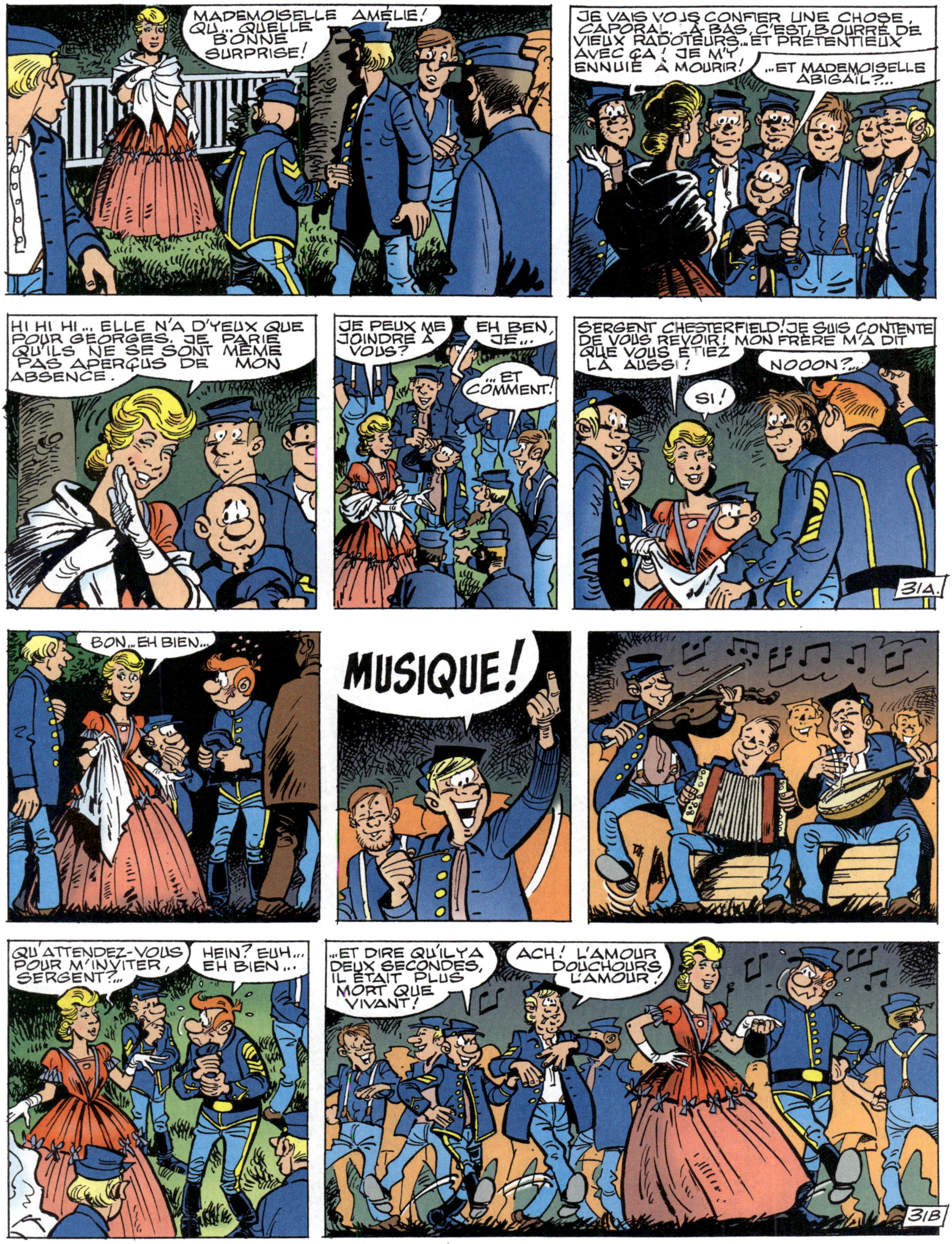
MADEMOISELLE AMÉLIE! QU... QUELLE BONNE SURPRISE!
JE VAIS VOUS CONFIER UNE CHOSE, CAPORAL. LÀ-BAS, C'EST BOURRÉ DE VIEUX RADOTEURS... ET PRÉTENTIEUX AVEC ÇA! JE M'Y ENNUIE À MOURIR!
...ET MADEMOISELLE ABIGAIL?...
HI HI HI... ELLE N'A D'YEUX QUE POUR GEORGES. JE PARIE QU'ILS NE SE SONT MÊME PAS APERÇUS DE MON ABSENCE.
JE PEUX ME JOINDRE À VOUS?
EH BEN, JE...
...ET COMMENT!
SERGENT CHESTERFIELD! JE SUIS CONTENTE DE VOUS REVOIR! MON FRÈRE M'A DIT QUE VOUS ÉTIEZ LÀ AUSSI!
NOOON?...
SI!
31A.
BON... EH BIEN...
MUSIQUE!
QU'ATTENDEZ-VOUS POUR M'INVITER, SERGENT?...
HEIN? EUH... EH BIEN...
...ET DIRE QU'IL Y A DEUX SECONDES, IL ÉTAIT PLUS MORT QUE VIVANT!
ACH! L'AMOUR DOUCHOURS, L'AMOUR!
31B

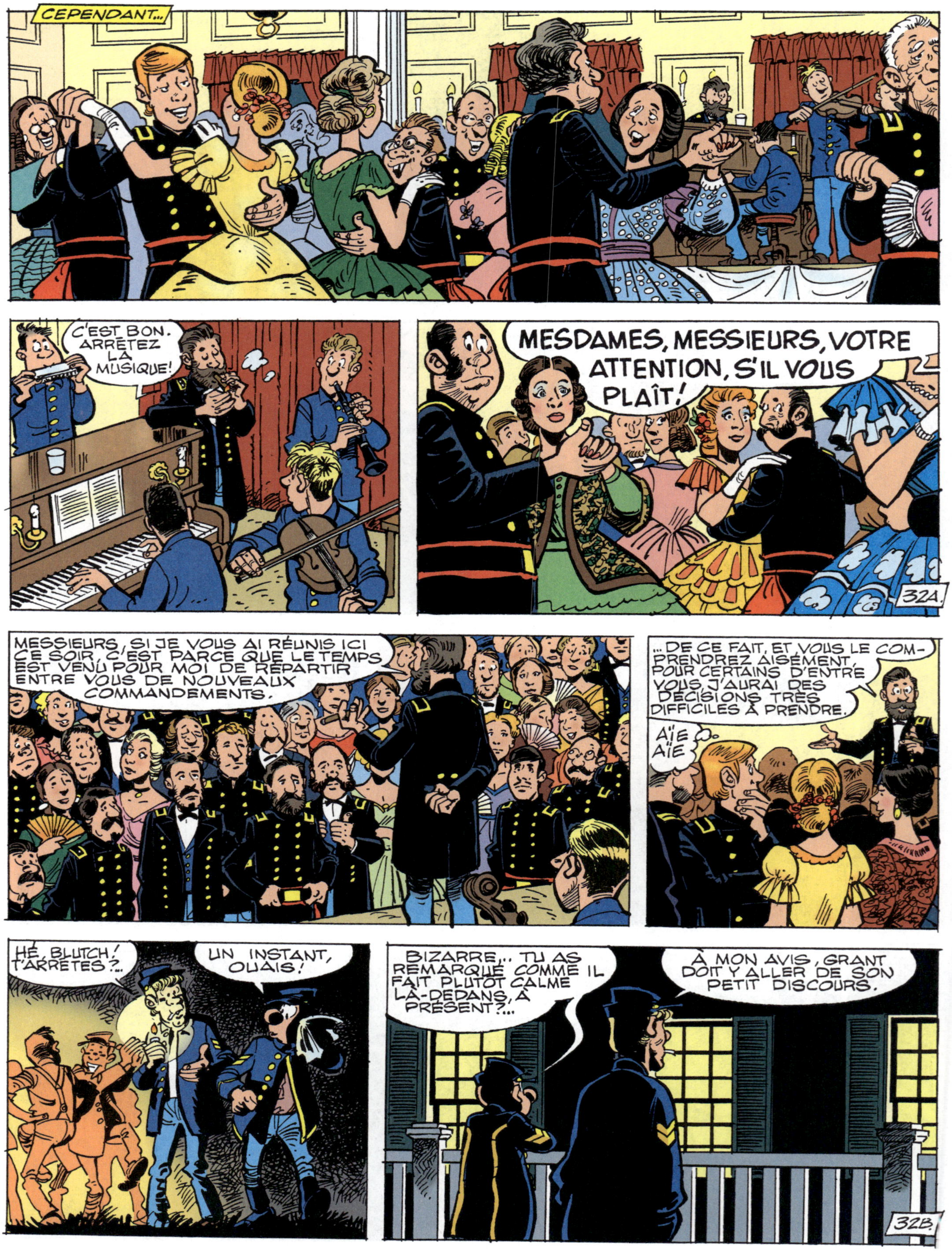
CEPENDANT...
C'EST BON. ARRÊTEZ LA MUSIQUE!
MESDAMES, MESSIEURS, VOTRE ATTENTION, S'IL VOUS PLAÎT!
32A.
MESSIEURS, SI JE VOUS AI RÉUNIS ICI CE SOIR, C'EST PARCE QUE LE TEMPS EST VENU POUR MOI DE RÉPARTIR ENTRE VOUS DE NOUVEAUX COMMANDEMENTS.
...DE CE FAIT, ET VOUS LE COMPRENDREZ AISÉMENT, POUR CERTAINS D'ENTRE VOUS, J'AURAI DES DÉCISIONS TRÈS DIFFICILES À PRENDRE.
AÏE AÏE
HÉ, BLUTCH! T'ARRÊTES?...
UN INSTANT, OUAIS!
BIZARRE... TU AS REMARQUÉ COMME IL FAIT PLUTÔT CALME LÀ-DEDANS, À PRÉSENT?...
À MON AVIS, GRANT DOIT Y ALLER DE SON PETIT DISCOURS.
32B.

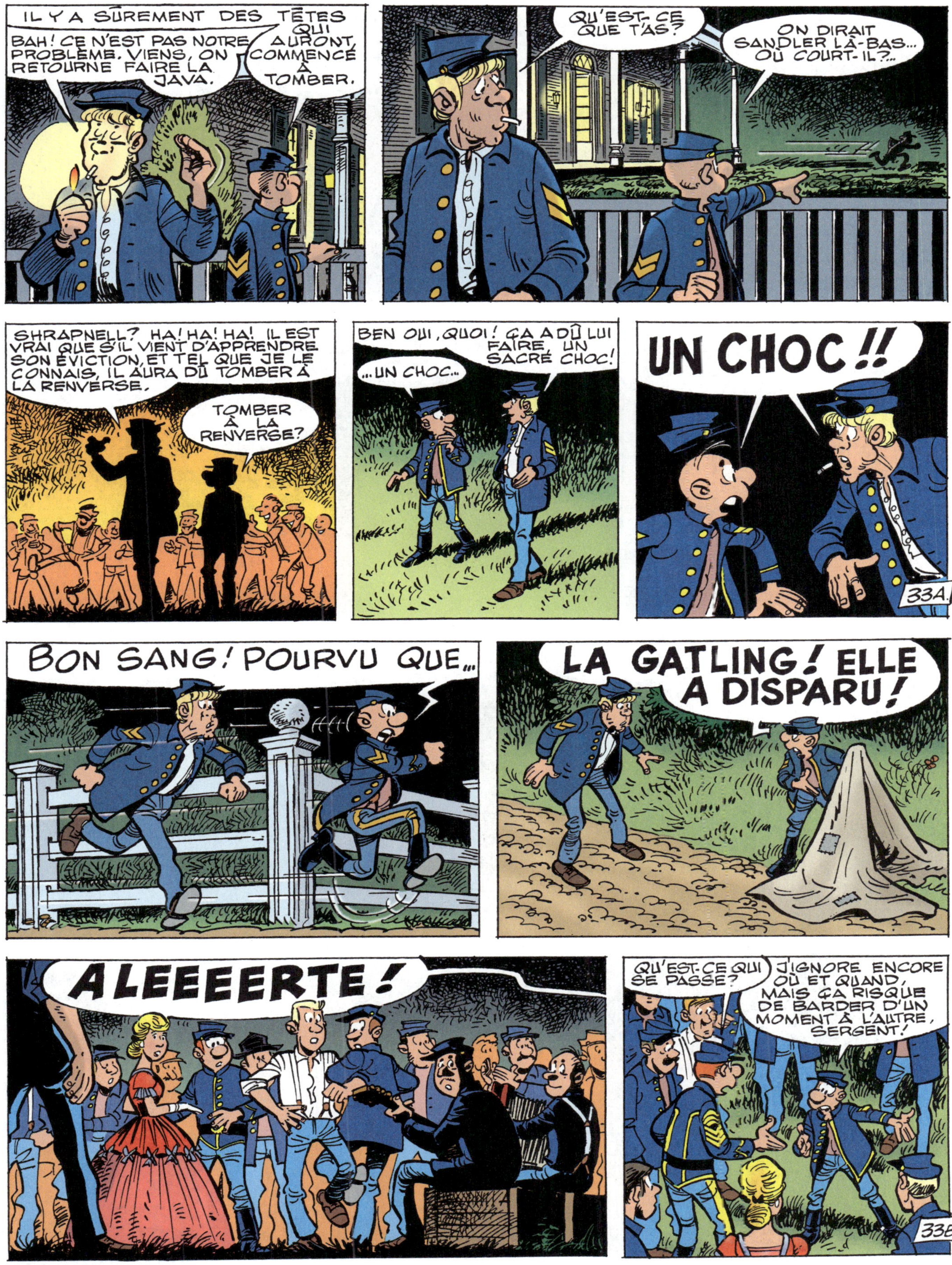

IL Y A SÛREMENT DES TÊTES QUI AURONT COMMENCÉ À TOMBER.
BAH! CE N'EST PAS NOTRE PROBLÈME. VIENS, ON RETOURNE FAIRE LA JAVA.
QU'EST-CE QUE T'AS?
ON DIRAIT SANDLER LÀ-BAS... OÙ COURT-IL?..
SHRAPNELL? HA! HA! HA! IL EST VRAI QUE S'IL VIENT D'APPRENDRE SON ÉVICTION, ET TEL QUE JE LE CONNAIS, IL AURA DÛ TOMBER À LA RENVERSE.
TOMBER À LA RENVERSE?
BEN OUI, QUOI! ÇA A DÛ LUI FAIRE UN SACRÉ CHOC!
...UN CHOC...
UN CHOC!!
33A
BON SANG! POURVU QUE...
LA GATLING! ELLE A DISPARU!
ALEEEEERTE!
QU'EST-CE QUI SE PASSE?
J'IGNORE ENCORE OÙ ET QUAND, MAIS ÇA RISQUE DE BARDER D'UN MOMENT À L'AUTRE, SERGENT!
33B

J'ESPÈRE QUE CE N'EST PAS ENCORE UNE DE VOS TROUVAILLES POUR ME GÂCHER MA SOIRÉE.
HEEE! SHRAPNELL VIENT D'ENTRER AVEC LA MITRAILLEUSE!
MON DIEU! GEORGES!
TACATACATACATAC
NE VOUS EN FAITES PAS! ON S'EN OCCUPE!
34A.
NED, RECONDUIS MISS APPELTOWN CHEZ ELLE!
COMPTE SUR MOI!... PAR ICI, LA P'TITE DAME!
BLUTCH, AVEC MOI! VOUS SAVEZ CE QUE NOUS AVONS À FAIRE...
OUI, SERGENT. VOUS LE HÉROS ET MOI, L'ANDOUILLE!
TACA
TACATAC
BLÉBLÉBLÉB
34B.

TACATAC
TZING
POK
!
35A
35B
MESDAMES, MESSIEURS, LA FÊTE EST FINIE !
35C

AMÉLIE !?
VOUS INQUIÉTEZ PAS, LIEUTENANT... LA P'TITE DAME EST EN SÉCURITÉ... ELLE VOUS ATTEND CHEZ VOUS.
LIEUTENANT, JE VEUX UN RAPPORT CIRCONSTANCIÉ SUR LES FAITS QUI VIENNENT DE SE DÉROULER.
À VOS ORDRES !
36A
JE VEUX Y VOIR FIGURER LE NOMBRE DES VICTIMES, AINSI QUE LEUR NOM ET LEUR GRADE. JE LE VEUX SUR MON BUREAU AU LEVER DU SOLEIL.
CE SERA FAIT, MON GÉNÉRAL !
MMM... C'EST PARFAIT, LIEUTENANT, LAISSEZ-NOUS.
36B

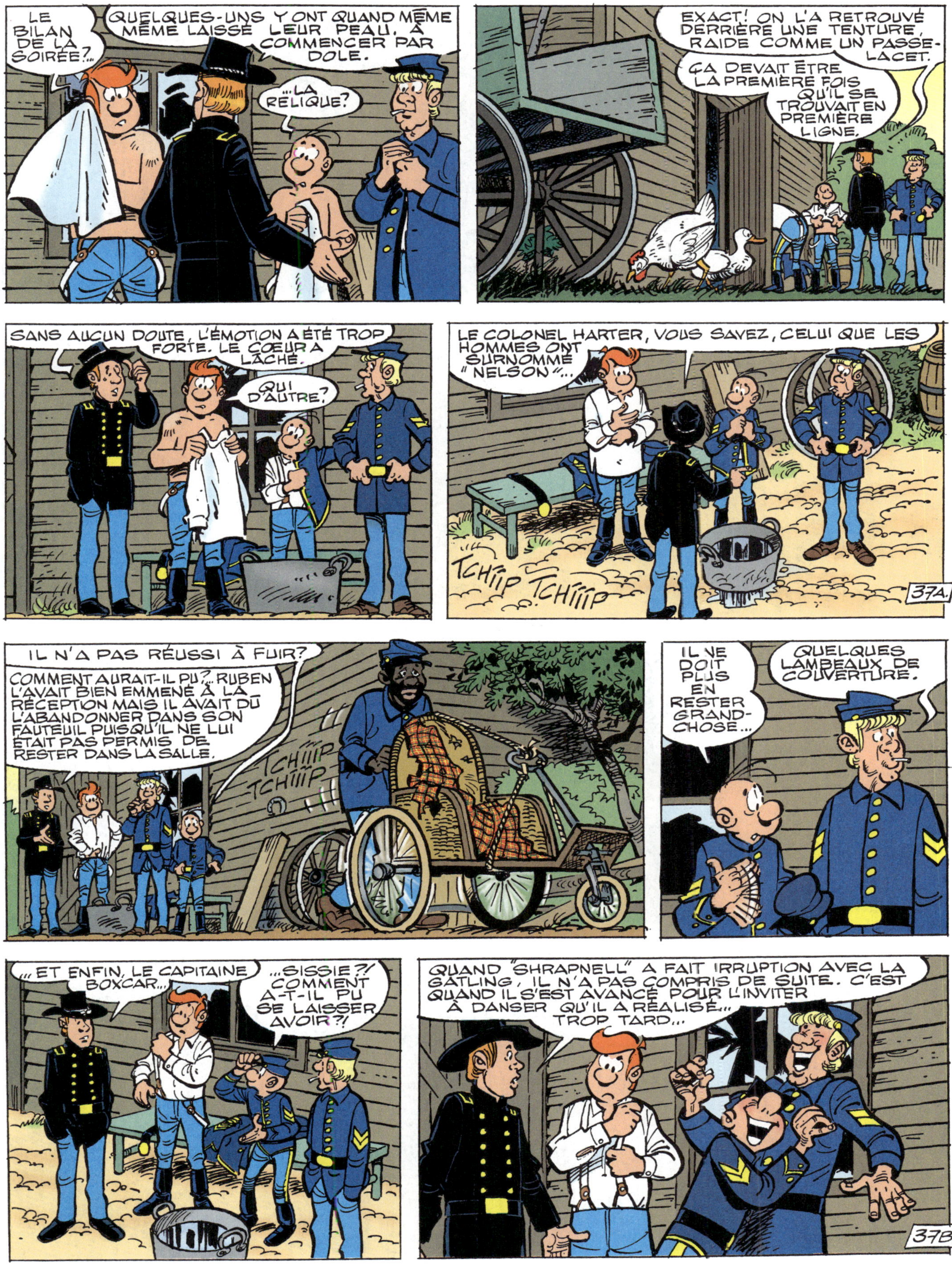
LE BILAN DE LA SOIRÉE?...
QUELQUES-UNS Y ONT QUAND MÊME MÊME LAISSÉ LEUR PEAU, À COMMENCER PAR DOLE.
...LA RELIQUE?
EXACT! ON L'A RETROUVÉ DERRIÈRE UNE TENTURE, RAIDE COMME UN PASSE-LACET.
ÇA DEVAIT ÊTRE LA PREMIÈRE FOIS QU'IL SE TROUVAIT EN PREMIÈRE LIGNE.
SANS AUCUN DOUTE, L'ÉMOTION A ÉTÉ TROP FORTE. LE COEUR A LÂCHÉ.
QUI D'AUTRE?
LE COLONEL HARTER, VOUS SAVEZ, CELUI QUE LES HOMMES ONT SURNOMMÉ "NELSON"...
TCHIIIP TCHIIIP
37A.
IL N'A PAS RÉUSSI À FUIR?
COMMENT AURAIT-IL PU?... RUBEN L'AVAIT BIEN EMMENÉ À LA RÉCEPTION MAIS IL AVAIT DÛ L'ABANDONNER DANS SON FAUTEUIL PUISQU'IL NE LUI ÉTAIT PAS PERMIS DE RESTER DANS LA SALLE.
TCHIIIP TCHIIIP
IL NE DOIT PLUS EN RESTER GRAND-CHOSE...
QUELQUES LAMBEAUX DE COUVERTURE.
...ET ENFIN, LE CAPITAINE BOXCAR...
...SISSIE?! COMMENT A-T-IL PU SE LAISSER AVOIR?!
QUAND "SHRAPNELL" A FAIT IRRUPTION AVEC LA GATLING, IL N'A PAS COMPRIS DE SUITE. C'EST QUAND IL S'EST AVANCÉ POUR L'INVITER À DANSER QU'IL A RÉALISÉ... TROP TARD...
37B.

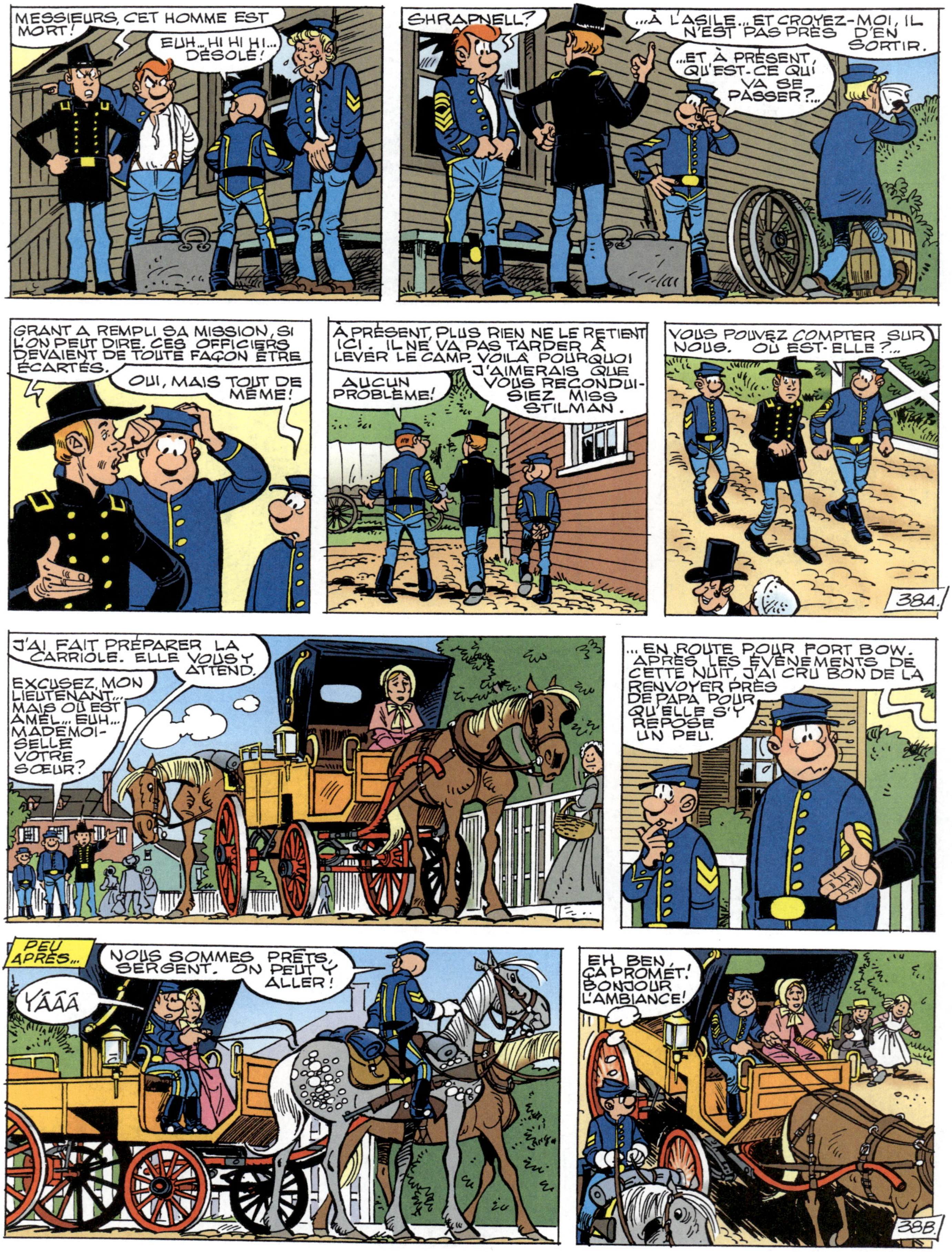
MESSIEURS, CET HOMME EST MORT !
EUH... HI HI HI... DÉSOLÉ !
SHRAPNELL ?
...À L'ASILE... ET CROYEZ-MOI, IL N'EST PAS PRÈS D'EN SORTIR.
...ET À PRÉSENT, QU'EST-CE QUI VA SE PASSER ?...
GRANT A REMPLI SA MISSION, SI L'ON PEUT DIRE. CES OFFICIERS DEVAIENT DE TOUTE FAÇON ÊTRE ÉCARTÉS.
OUI, MAIS TOUT DE MÊME !
À PRÉSENT, PLUS RIEN NE LE RETIENT ICI. IL NE VA PAS TARDER À LEVER LE CAMP. VOILÀ POURQUOI J'AIMERAIS QUE VOUS RECONDUISIEZ MISS STILMAN.
AUCUN PROBLÈME !
VOUS POUVEZ COMPTER SUR NOUS. OÙ EST-ELLE ?...
38A.
EXCUSEZ, MON LIEUTENANT... MAIS OÙ EST AMEL... EUH... MADEMOISELLE VOTRE SOEUR ?
J'AI FAIT PRÉPARER LA CARRIOLE. ELLE VOUS Y ATTEND.
...EN ROUTE POUR FORT BOW. APRÈS LES ÉVÉNEMENTS DE CETTE NUIT, J'AI CRU BON DE LA RENVOYER PRÈS DE PAPA POUR QU'ELLE S'Y REPOSE UN PEU.
PEU APRÈS...
NOUS SOMMES PRÊTS, SERGENT. ON PEUT Y ALLER !
YÂÂÂ
EH BEN, ÇA PROMET ! BONJOUR L'AMBIANCE !
38B.

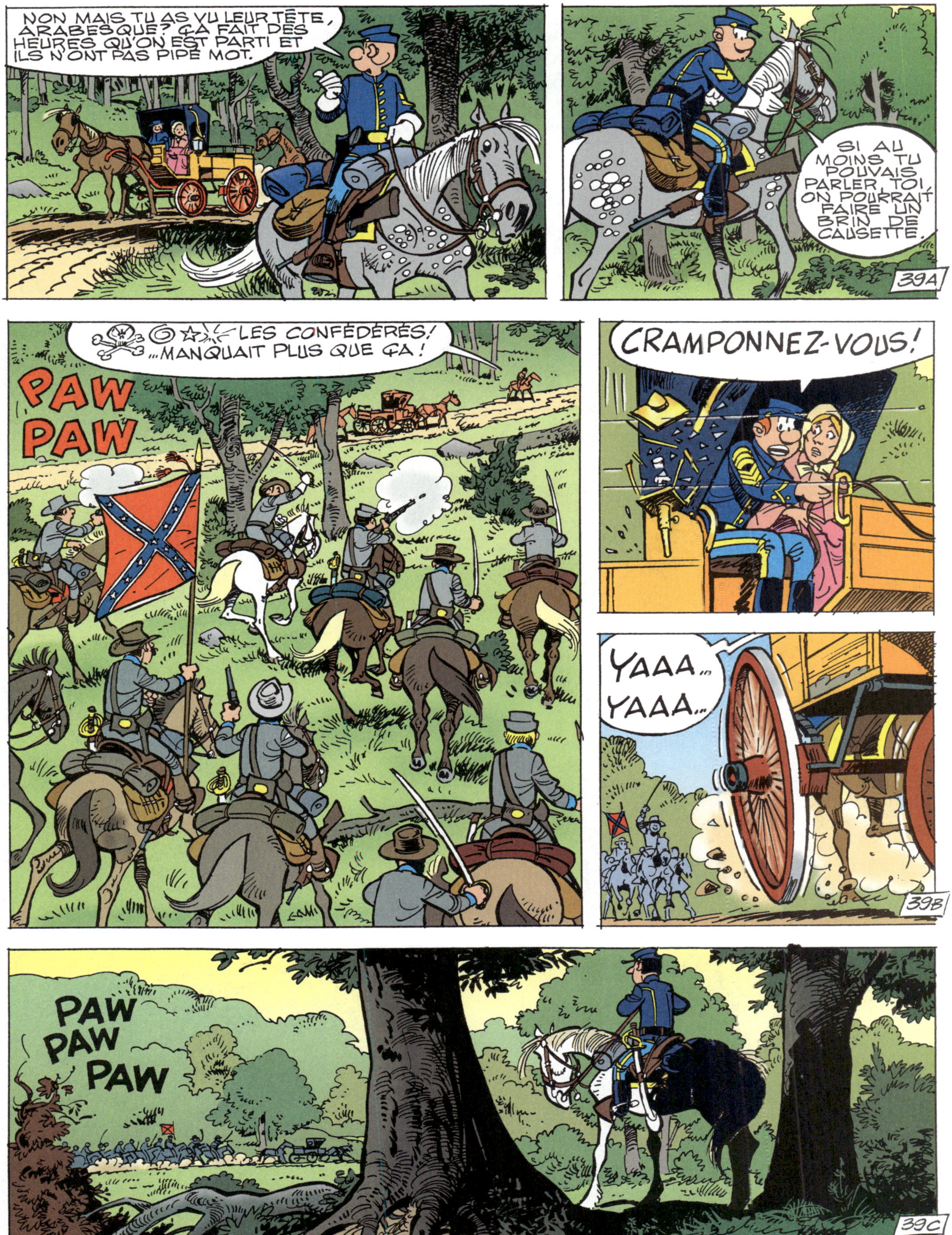
NON MAIS TU AS VU LEUR TÊTE, ARABESQUE? ÇA FAIT DES HEURES QU'ON EST PARTI ET ILS N'ONT PAS PIPÉ MOT.
SI AU MOINS TU POUVAIS PARLER, TOI, ON POURRAIT FAIRE UN BRIN DE CAUSETTE.
39A
...LES CONFÉDÉRÉS! ...MANQUAIT PLUS QUE ÇA!
PAW PAW
CRAMPONNEZ-VOUS!
YAAA... YAAA...
39B
PAW PAW PAW
39C

TARATARAA
CHAARGEEZ!
40A.
PAW
TARATARATATA
PAW
LES NÔTRES!
POUR UNE FOIS, ON PEUT DIRE QU'ILS ARRIVENT À TEMPS, CEUX-LÀ!
40B

MADEMOISELLE ABIGAÏL EST DE RETOUR, SIR.
QUOI?
DÉJÀ?
QU'EST-CE QUE ÇA VEUT DIRE?!
BEN VOILÀ...
41A.
PEU APRÈS...
C'EST PAS VRAI!
SI!
MAIS C'EST PAS VRAI!
SI!
QU'EST-CE QUE J'AI FAIT AU BON DIEU?!...
...SAIS PAS.
ÉCOUTE, ABIGAÏL... JE SAIS QUE C'EST DIFFICILE À CROIRE, MAIS C'EST ENCORE UN HASARD SI...
UN HASARD?!
...IL ME SAUVE PAR DEUX FOIS ET TU APPELLES ÇA UN HASARD?!
EUH OUI!
41B.

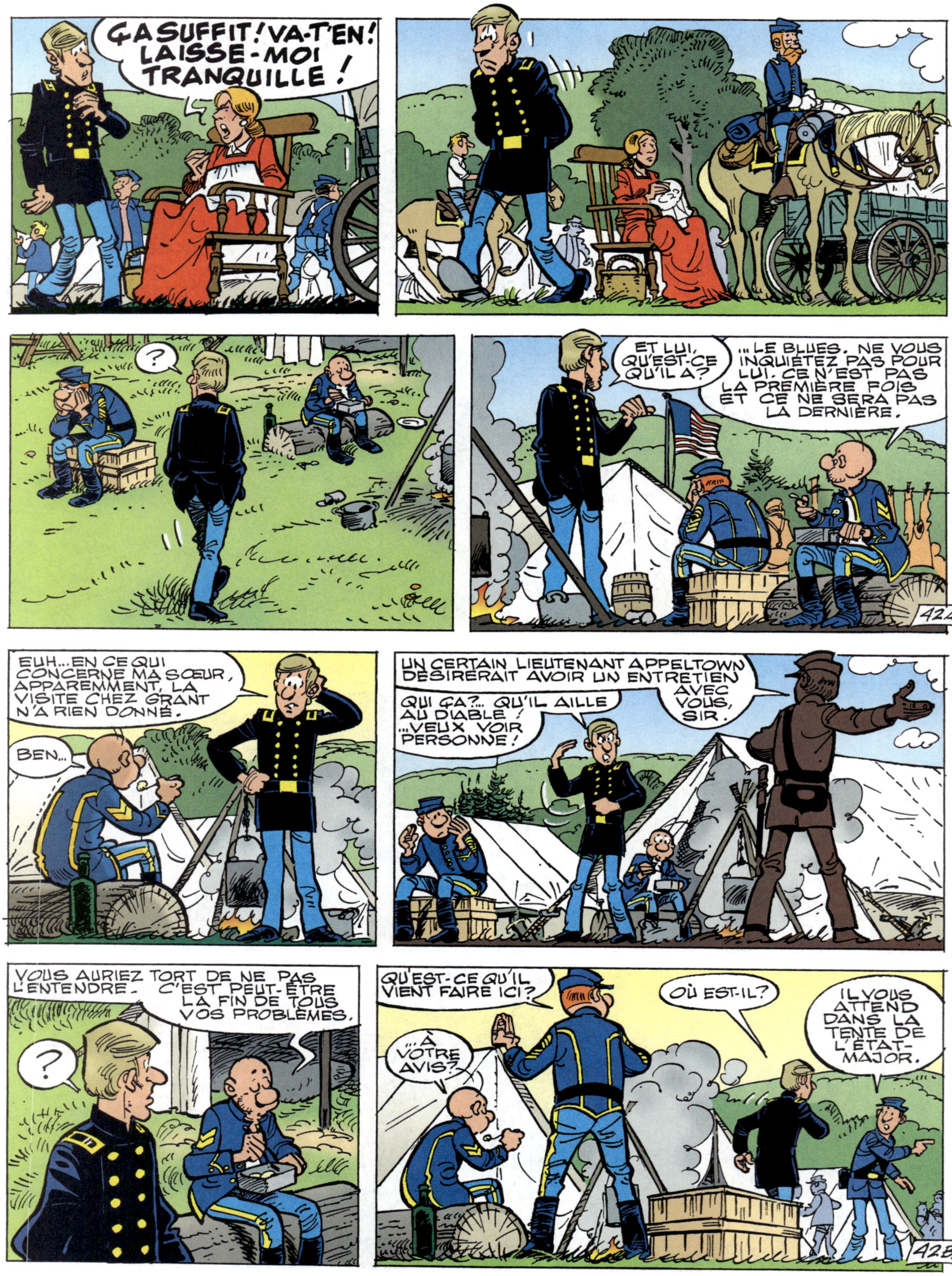
ÇA SUFFIT ! VA-T'EN ! LAISSE-MOI TRANQUILLE !
?
ET LUI, QU'EST-CE QU'IL A?
...LE BLUES. NE VOUS INQUIÉTEZ PAS POUR LUI. CE N'EST PAS LA PREMIÈRE FOIS ET CE NE SERA PAS LA DERNIÈRE.
42A
EUH... EN CE QUI CONCERNE MA SŒUR, APPAREMMENT, LA VISITE CHEZ GRANT N'A RIEN DONNÉ.
BEN...
UN CERTAIN LIEUTENANT APPELTOWN DÉSIRERAIT AVOIR UN ENTRETIEN AVEC VOUS, SIR.
QUI ÇA?.. QU'IL AILLE AU DIABLE ! ...VEUX VOIR PERSONNE !
VOUS AURIEZ TORT DE NE PAS L'ENTENDRE. C'EST PEUT-ÊTRE LA FIN DE TOUS VOS PROBLÈMES.
?
QU'EST-CE QU'IL VIENT FAIRE ICI?
...À VOTRE AVIS?
OÙ EST-IL?
IL VOUS ATTEND DANS LA TENTE DE L'ÉTAT-MAJOR.
42B

HEADQUARTERS
DONNEZ-MOI ÇA, VOUS!
HEE!
TARATARAPOUÊÊÊT
43A
CHAARGEEEZ...
MA PAROLE, STEPHEN! TU ES DEVENU FOU?!
CATACLOP CATACLOP CATACLOP
VIENS!
GEORGES!
...À WASHINGTON?...
OUI, COMME ATTACHÉ MILITAIRE. J'EN AI PARLÉ CE MATIN À GRANT. IL A TOUT DE SUITE ÉTÉ D'ACCORD ET M'A MÊME ASSURÉ DE SON SOUTIEN. LE GÉNÉRAL VOUDRAIT ÊTRE AU COURANT DE TOUT CE QUI SE DIT ET DE TOUT CE QUI SE PASSE DANS LES HAUTES SPHÈRES.
JE VOUDRAIS Y EMMENER ABIGAÏL. NOUS COMPTONS NOUS MARIER LÀ-BAS, AVEC VOTRE ACCORD, BIEN SÛR, CAPITAINE STILMAN.
VOUS L'AVEZ!
43B

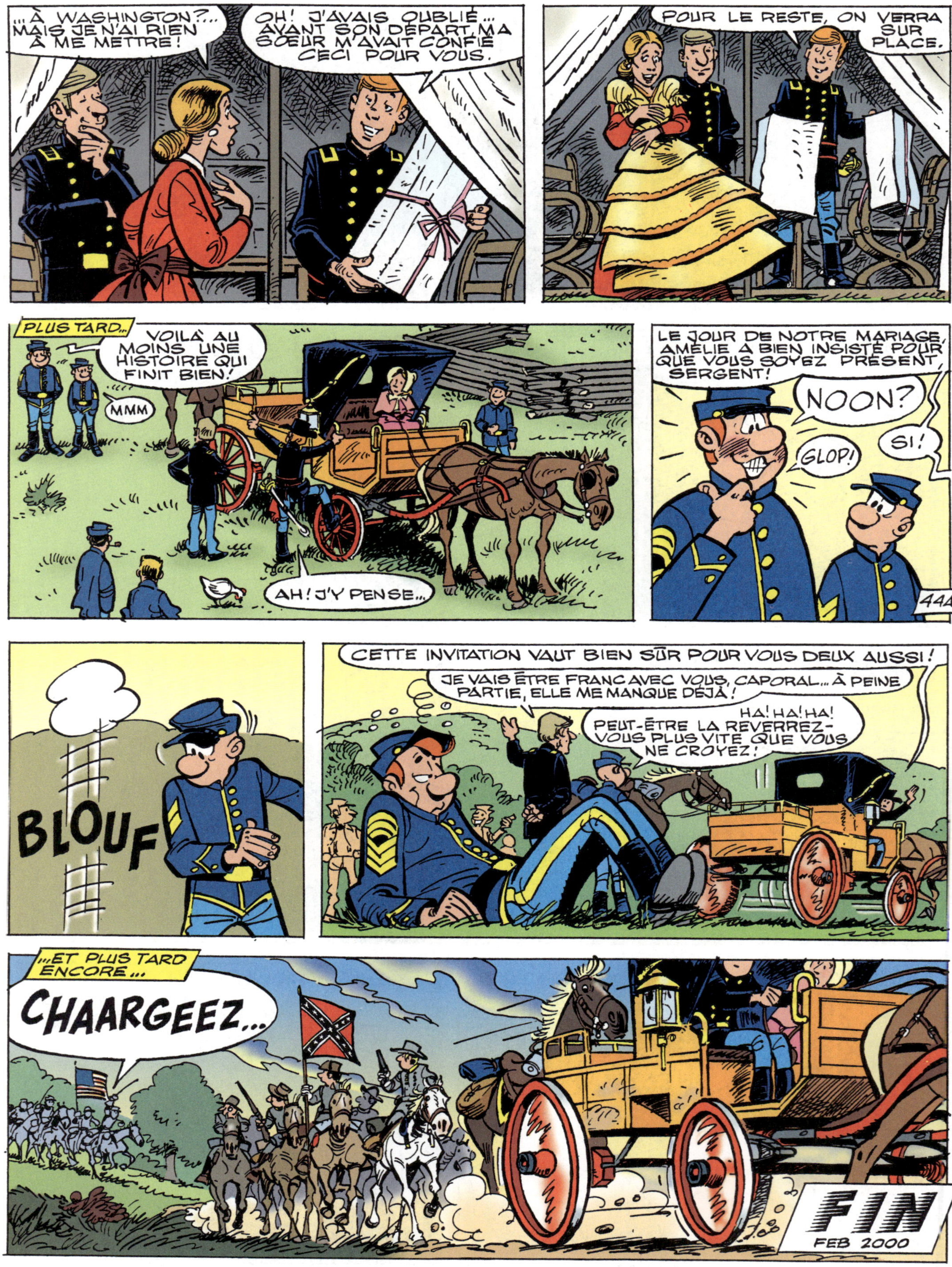
...À WASHINGTON?... MAIS JE N'AI RIEN À ME METTRE!
OH! J'AVAIS OUBLIÉ... AVANT SON DÉPART, MA SOEUR M'AVAIT CONFIÉ CECI POUR VOUS.
POUR LE RESTE, ON VERRA SUR PLACE.
PLUS TARD...
VOILÀ AU MOINS UNE HISTOIRE QUI FINIT BIEN!
MMM
AH! J'Y PENSE...
LE JOUR DE NOTRE MARIAGE, AMÉLIE A BIEN INSISTÉ POUR QUE VOUS SOYEZ PRÉSENT, SERGENT!
NOON?
GLOP!
SI!
BLOUF
CETTE INVITATION VAUT BIEN SÛR POUR VOUS DEUX AUSSI!
JE VAIS ÊTRE FRANC AVEC VOUS, CAPORAL... À PEINE PARTIE, ELLE ME MANQUE DÉJÀ!
HA! HA! HA! PEUT-ÊTRE LA REVERREZ-VOUS PLUS VITE QUE VOUS NE CROYEZ!
...ET PLUS TARD ENCORE...
CHAARGEEZ...
FIN
FEB 2000